国家社会科学基金项目"全球制造中我国企业创新网络嵌入路径研究"
（项目编号：15BGL033）

企业创新网络案例研究：
全球制造背景

胡海波 ◎ 著

CASE STUDY OF ENTERPRISE
INNOVATION NETWORK:
BASED ON GLOBAL MANUFACTURING

图书在版编目（CIP）数据

企业创新网络案例研究：全球制造背景/胡海波著 .—北京：经济管理出版社，2019.8

ISBN 978-7-5096-6861-0

Ⅰ.①企… Ⅱ.①胡… Ⅲ.①互联网络—应用—企业创新—研究 Ⅳ.①F273.1-39

中国版本图书馆 CIP 数据核字（2019）第 171709 号

组稿编辑：杜　菲
责任编辑：杜　菲
责任印制：黄章平
责任校对：赵天宇

出版发行：经济管理出版社
　　　　（北京市海淀区北蜂窝 8 号中雅大厦 A 座 11 层　100038）
网　　址：www.E-mp.com.cn
电　　话：（010）51915602
印　　刷：三河市延风印装有限公司
经　　销：新华书店
开　　本：720mm×1000mm/16
印　　张：12
字　　数：183 千字
版　　次：2019 年 8 月第 1 版　2019 年 8 月第 1 次印刷
书　　号：ISBN 978-7-5096-6861-0
定　　价：78.00 元

·版权所有　翻印必究·

凡购本社图书，如有印装错误，由本社读者服务部负责调换。
联系地址：北京阜外月坛北小街 2 号
电话：（010）68022974　　邮编：100836

前　言

处于全球经济增长萎靡和国内经济形势恶化的时代背景下,"中国制造"转型升级俨然成为商业界、学术界和政府共同关心的话题。不可否认的是,自改革开放以来,我国制造企业取得了举世瞩目的成绩,这得益于全球化的推动,全球化与我国制造业的发展具有紧密的联系。随着现代信息技术的飞速发展,全球制造产业发生了翻天覆地的变化,网络化发展已经成为制造企业转型升级的重要方向之一,处于网络中,企业可以获取更为丰富的资源,快速实现创新能力的提升。

创新网络作为一种全新的发展模式,使企业不再单打独斗,而在合作共赢的基础上获取创新所需的资源、信息等。制造企业需要对创新网络中的资源进行识别、选择、整合与利用,这种资源使用能力也是企业必须具备的网络能力。创新网络为企业获取知识、人才、资本等关键资源提供有利契机,因此企业的资源和能力具有一定的不可复制性,从而有助于企业拥有持久的竞争优势。在全球制造网络范式下,我国本土企业迫切需要提高学习水平与创新能力,以使它们能迅速地开发和推广新的产品和服务,从而建立企业核心竞争力。因此,企业创新网络构建是一个值得深入研究的问题。

本书是国家社科基金项目"全球制造中我国企业创新网络嵌入路径研究"(编号:15BGL033)的研究成果之一。在该项目的资助下,课题组通过多种渠道对我国制造企业进行整体性把握,对创新网络理论进行深入探究,结合研究的需要,最终筛选出12家具有代表性的案例,构成本书的研究对象。

本书凝结了多人的心血。胡海波教授负责统筹全书大纲、内容以及总纂定稿；丹麦奥尔堡大学的程杨副教授、黄涛博士和江西财经大学的胡京波博士为本书框架构建、观点提炼做出了重要贡献；博士生涂舟扬、卢海涛，硕士生管永红、毛纯兵、费梅菊、余钒等参与了数据收集与整理、部分篇章撰写以及校审等工作。

本书为五章、十八节，每章既有具体内容的差异性，又有内在逻辑的统一性。

第一章为理论概述，对企业创新网络和企业国际化进行了理论分析。在企业创新网络方面，着重分析其概念、构成要素和演化过程，以对企业创新网络形成整体性的认识。在企业国际化方面，从四大企业国际化理论和企业国际化进入模式两方面进行分析，以对企业在进行国际化过程所采取的创新活动进行整体性把握。

第二章为贸易嵌入，基于对贸易理论的分析，选择广博集团、扬子江药业和OULIN欧琳3家企业，从企业创新网络演化阶段特征以及演化过程进行分析，发现不同阶段企业创新网络中的企业与节点组织的交流方式具有差异性，这种差异随着创新网络的演化也发生着变化。

第三章为技术创新，基于对技术创新理论的分析，我国制造企业利用技术进行全球市场经历了从引进海外先进技术到形成自主创新能力的发展过程，为构建全球创新网络提供较为快捷的方式。因此，选择海尔集团、华为公司和上海电气3家企业，具体分析我国制造企业如何通过技术创新引进与转化布局全球市场。

第四章为规模并购，跨国规模并购是我国企业进入国际社会、构建全球创新网络的重要方式之一。基于对企业跨国并购动因、跨国并购对企业技术创新能力影响的理论研究，最终选取了均胜电子、青岛啤酒和山东如意3家企业，着重分析在跨国规模并购推动下，案例企业创新网络的发展历程、阶段特征和演化过程。

第五章为对外投资，基于对企业对外投资动因、企业对外投资与技术进步和对外投资模式选择的理论分析，选择了广西柳工、国家电网和中国有色集团3家企业。通过对案例对象的分析，从驱动力、网络成员、内部知识基和创新能力4个方面着重分析企业创新网络演化过程，进一步剖析企业如何在对外投资的过程中建立与海外企业的技术合作关系，进而进入全球市场，为形成全球创新网络奠定基础。

  本书可供"企业创新网络"这一议题研究之用，亦可作为战略管理、创新管理等相关课程教学的配套案例材料，在此向支持本书的读者表示感谢！

  在撰写过程中参考了诸多学者的著作或学术成果，以此形成了本书的研究框架，相关参考文献已注明出处，在此向所有相关学者表示由衷的感谢！但可能存在遗漏，若有不当之处，敬请谅解！

  由于水平有限，本书可能存在不足，敬请读者批评指正，以求不断完善，更上一层楼。

目　录

第一章　理论概述 …………………………………………………… 001
　　第一节　企业创新网络文献综述 ………………………………… 001
　　第二节　企业国际化文献综述 …………………………………… 007

第二章　贸易嵌入 …………………………………………………… 010
　　第一节　贸易嵌入理论概述 ……………………………………… 010
　　第二节　广博集团案例分析 ……………………………………… 012
　　第三节　扬子江药业案例分析 …………………………………… 025
　　第四节　OULIN 欧琳案例分析 …………………………………… 038

第三章　技术创新 …………………………………………………… 051
　　第一节　技术创新理论概述 ……………………………………… 051
　　第二节　海尔集团案例分析 ……………………………………… 054
　　第三节　华为技术有限公司案例分析 …………………………… 068
　　第四节　上海电气案例分析 ……………………………………… 081

第四章　规模并购 …………………………………………………… 094
　　第一节　规模并购理论概述 ……………………………………… 094
　　第二节　均胜电子案例分析 ……………………………………… 096
　　第三节　青岛啤酒案例分析 ……………………………………… 108

  第四节 山东如意案例分析 ·· 120

第五章 对外投资 ·· 132
  第一节 对外投资理论概述 ·· 132
  第二节 广西柳工案例分析 ·· 135
  第三节 国家电网案例分析 ·· 149
  第四节 中国有色集团案例分析 ·· 163

参考文献 ·· 175

第一章
理论概述

第一节 企业创新网络文献综述

一、企业创新网络的概念

创新网络的相关概念研究源于社会网络理论,最早可追溯到20世纪90年代,是企业国际化理论发展到网络理论阶段的融合产物(吴贵生,2000),Freeman(1991)首次将创新网络定义为一种应付系统性创新的基本制度安排,他认为企业创新网络通过构建一种相对稳定的合作机制,合理规避了高昂的市场交易费用,有效降低了组织创新成本,激发了组织的创新活力。随后,众多学者尝试对其概念进行总体概括,获得了大量的研究成果。Nonaka(1995)将创新网络界定为一种构建组织内、外部正式或非正式的有效工具,企业间的创新合作联系是联结网络构架的主要机制。Aken和Weggeman(2000)将企业创新网络定义为一种促进企业平等、公平进行商业联系和产品创新的系统。进一步地,Harris等(2000)则认为创新网络由企业、研发机构、供应商等创新主体组成,形成以正式或非正式形式的创新体系，这些创新主体是互惠互利、协同促进的，可以合作研发创新产品，并促进创新产品的商业转化，以此构建"1+1>2"的整体效果。

国内学者也十分关注创新网络的定义。最早对创新网络进行研究的学者是盖文启（1999），结合国外研究成果，他关注区域创新网络，认为创新网络是在地域行为主体之间通过长期合作关系（包括正式与非正式）的基础上建立起来的。王大洲（2001）将区域创新网络延伸至企业创新网络，他认为企业创新网络是一种正式与非正式相结合的关系形式，这种关系建立在技术协同创新的基础上，进而实现企业创新合作的长久建立。由此，作者认为创新网络由一系列的创新活动与创新组织构成。吴贵生（2000）认为，为了了解与解决技术创新的复杂性，企业有必要与高校、研究机构、供应商、客户等组织或个体建立并保持联系，充分获取资源，以实现创新能力的提升。类似地，沈必扬和池仁勇（2005）也认为企业构建创新网络的过程就是与不同创新主体建立联系的过程，这种联系相对稳定，能最大限度地促进企业创新能力的提升，属于正式与非正式相结合的联系。另外，作者认为企业创新网络具备三大特征，即关系特征、主体特征与区域特征。党兴华和郑攀登（2011）认为企业创新网络在创新主体之间较好地应对了环境的不确定性，使得各主体之间形成联系紧密的网络化关系。

综上所述，不同学者选择从不同角度研究企业创新网络的定义，具体如表1-1所示。这些研究推动了企业创新网络的研究，为理论研究和实践指导作出了一定的贡献。本书结合前人的研究成果，将企业创新网络界定为各创新主体为提高创新绩效构建的一种正式与非正式网络组织，在该网络组织中一般存在一个或多个核心主体，并发挥着推动创新网络运转的作用。

表1-1 企业创新网络的不同研究视角

学者	研究视角
Freeman（1991）	合作机制
Nonaka（1995）	创新工具
Aken 和 Weggeman（2000）	网络组织
Harris 等（2000）	协调创新
盖文启（1999）	区域创新网络
王大洲（2001）、吴贵生（2000）、沈必扬和池仁勇（2005）	过程
党兴华和郑攀登（2011）	联结机制

二、企业创新网络的构成要素

企业创新网络演化过程是企业创新网络各组成要素相互影响的结果（张永凯，2017）。学者普遍认为，企业创新网络通常由节点、联结和资源三大要素组成（相婷，2012），各节点企业或组织（如合作企业、高等院校、科研机构、政府、金融机构、中介机构等）基于对互补性资源的需要相互联结起来，逐渐交织成一个网络体系，具体如图1-1所示。在这个体系中，各要素间的协同度、创新绩效得到改善（贺灵，2011）。创新网络中占主导地位的行为主体不同、行为主体所追求的核心资源不同，企业创新网络的形式多种多样，构成要素也存在特殊性。企业创新网络的构成要素有其他企业、中介机构、供应商、客商、大学及科研院所、政府、金融机构，这些要素之间的相互作用与相互联系有效实现了技术、知识等资源共享，使得企业创新网络实质性融合，进一步提升了网络企业的创新能力（见图1-1）。

由于创新网络内部各主体扮演着不同的角色，所以这些主体对整个创新网络起着不同的作用，但一般情况下，创新网络的战略方向往往取决于网络中的核心企业（张永安和葛振猛，2014）。创新网络是由无数的节点构成的，节点是指在创新网络中进行创新合作而与其他节点形成连接关系的相关主体，在创新网络中，节点包括企业、其他上下游企业、科研院所、大学、中介机构等。具体而言，企业在创新网络中能与其他节点企业进行资源、技术等双向交流与共享，只是这些资源与技术等存在大小和强弱的差异。对企业创新网络的结构类型可以从表 1-2 中的多个视角进行分析。

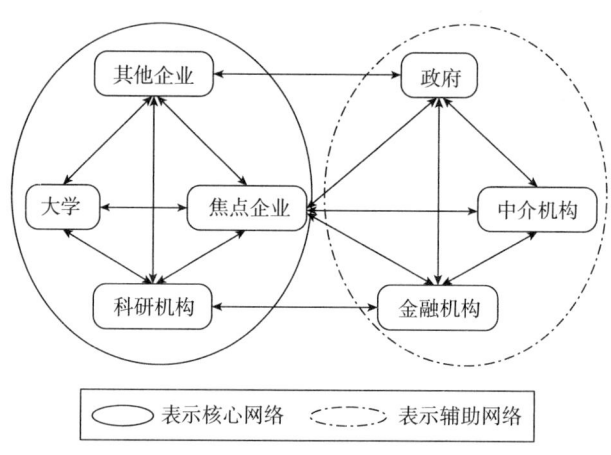

图 1-1 企业创新网络构成要素

表 1-2 企业创新网络结构类型的研究视角

研究视角	定义
知识转移	知识转移属于一种流动现象，是将企业与其他组织的知识类资源进行传播的一种途径，这种传播流通会引起主体间行为的改变，由此带来网络中的连接关系发生改变，即网络的结构发生变化
创新网络主导者类型	核心主体在创新网络中占据着绝对的位置，甚至影响着创新网络的发展方向。根据创新网络主导者的不同类型，蒋晓萌（2012）基于创新网络中核心主体的差异性，将创新网络分为政府主导型、科研机构主导型、主要企业主导型及复合型创新网络
创新网络的功能	创新网络由于促进了知识在网络内部的流通，已经成为企业与行业快速获取资源与能力的重要方式，有助于推动企业与行业之间的紧密合作。与此同时，创新网络因为其便捷性和便利性，能很好地帮助企业降低创新成本、快速提高创新绩效等

续表

研究视角	定义
企业与其他节点关系	节点是网络中的特定主体,反映了创新网络中各行为主体的多少,包括企业、科研院所、大学、中介机构等
创新网络的边界	创新网络的边界是由节点数量与节点间的合作程度共同决定的。通常而言,创新网络中的节点数量并非是无限的,节点间的合作关系也不是非常紧密的,因此创新网络也是有一定边界的

三、企业创新网络的演化

创新网络发展是一个演变的过程,事物本身演变的属性决定了可以把创新网络过程划分为不同阶段,了解创新过程的阶段构成有助于对创新进行有效的资源分配决策、组织和管理(刘锦莹,2014)。企业创新网络演化是分析企业创新能力变化的重要依据(张永凯等,2017)。分析企业创新网络演变过程,是企业构建创新网络并从中获取竞争支持的重要基础。目前,学术界对企业创新网络演化分析尤为关注。

关于企业创新网络演化的理论研究,学者们主要从技术变迁和知识转移两个层面进行研究,获得的成果较为丰硕。如 Dyer 和 Nobeoka(2000)运用案例研究的方法,以丰田企业为研究对象,将企业创新网络的演化划分为软联系、与核心企业的双边强联系和多边的强联系三个阶段。随着时间的推移,网络将演化为由少数核心组织控制,Abernathy 和 Utterback(1978)将创新网络过程分为流动、转换、稳定三个阶段。创新网络演变研究也吸引了国内学者的广泛兴趣。张宝建(2011)根据企业社会资本投资形成的网络租金诱导机制,认为企业创新网络演化经历了四个阶段,即组建、成长、成熟和更替,创新网络在这四个阶段的创新主体不断发生着变化。陶海飞(2013)基于企业技术成长的动态视角,认为企业创新网络经历了形成、转变和发展的演化过程。张永凯(2017)基于产品生命周期将企业创新网络演化过程分为萌芽、扩展、成熟和更替四个阶段。程跃

（2011）基于环境不确定性影响创新网络演化的视角从技术和市场两大不确定因素入手，描述了萎缩、稳定、加强、动态平衡、紧缩和动荡六种创新网络类型，将创新网络演化过程归纳为完全突破型、市场突破型和技术突破型。胡海波（2016）以全球化背景为研究情境，以全球制造网络中非核心企业江铃汽车与核心企业奇瑞汽车两个汽车制造企业为研究对象，将产品生命周期融于江铃汽车与奇瑞汽车的创新网络，并将其分为孕育期、生存期、成长期和成熟期四个阶段。

  企业创新网络的演化受到内外因的推动（康丽，2016）。内因方面，Inkpen 等（1997）认为企业因为内部资源缺乏，需要构建创新网络以获取丰富的外部创新资源，随着创新网络间资源流通不断深入，某些企业完全具备创新所需的资源，会逐渐减少对创新网络的依赖，从而导致企业创新网络发生变化。Giuliani 和 Bell（2005）基于对智力葡萄酒业的研究，发现企业内部知识水平的高低决定了创新网络的演化频率与强度。Koka 等（2006）研究发现企业制定的战略对创新网络的演变具有一定的影响，相对来说，冒险性企业更趋向于推动企业创新网络变化，以寻求更多的合作机会。类似地，邬爱其（2006）也认为企业间的战略差异对企业创新网络结构产生影响，战略意图更强的企业较积极地维护与拓展网络的关系。

  外因方面，技术变革、行业环境、市场需求、政府政策等都会引起企业创新网络的演化（慕继丰等，2001）。Eiselthardt（1996）研究发现市场竞争的激烈程度导致企业创新网络的演化。Rosenkopf 和 Padula（2008）认为企业创新网络的演化除了受市场竞争的影响外，技术的发展也是引起企业创新网络结构发生变化的另一重要因素。进一步地，Nemet（2009）认为技术的发展与市场需求的变化都会对企业创新网络的演化产生影响。郑向杰（2015）认为技术变革、市场需求及行业分工状态是促进创新网络演化的关键外部影响因素。

第二节 企业国际化文献综述

一、四大企业国际化理论

企业国际化的研究最早始于 Vernon（1966）的国际产品生命周期理论，他认为企业国际化的主要动机是寻找具有成本优势的国家与地区进行资本投资以实现全球产品贸易控制权。与此同时，Hymer（1967）认为企业进行海外投资的关键因素在于市场不完善导致某些企业形成特定优势，这就是所谓的特定优势理论。

20 世纪 70 年代，企业国际化发展缓慢，学者们对企业国际化的研究转向中小企业（沈科兰，2005），形成了过程理论，其中最受欢迎的是瑞典 Uppsala 大学以 Johanson 和 Vahlne（1977）为代表所提出的 Uppsala 模型，在该模型中，市场知识概括为企业国际化的主要因素，企业在国际化过程中能够通过学习认知降低与目标市场的心理距离。

到了 90 年代，企业的国际化步伐加快，促进了国际化的研究。这个时期，学者开始将网络理论与企业国际化建立联系，形成了企业国际化网络模型。Johanson 和 Mattson（1988）认为企业国际化实质上是企业与海外网络中的同行企业建立并维护关系网络的过程。在此基础上，Johanson 和 Vahline（1993）对 Uppsala 模型进行深刻延展思考，以企业嵌入网络作为主要变量，分析国际化的具体过程，该研究一直以来受到众多学者的重视，为研究企业国际化提供了一个全新的方向（见图 1-2）。

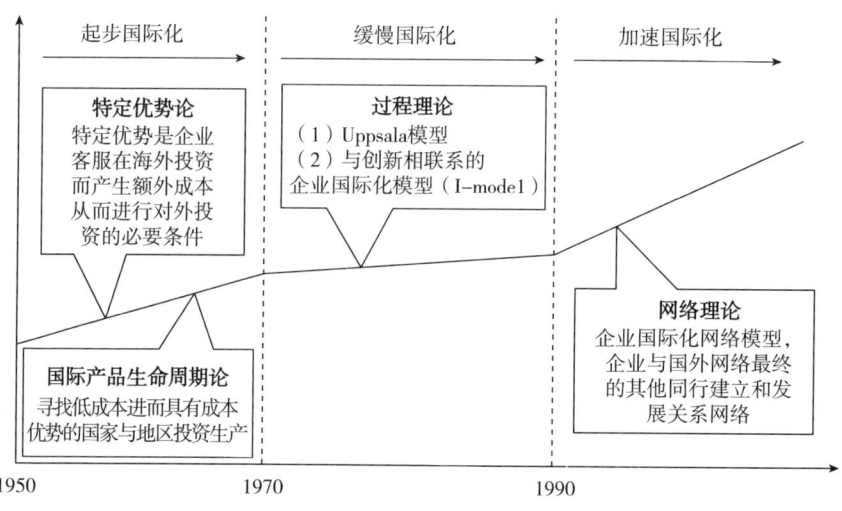

图1-2 企业国际化研究演化

二、企业国际化进入模式

不同的国际化进入模式决定了企业国际化的不同结果（沈科兰，2005）。对于企业进入国际市场的方式，一直是学者关心的话题。Root（1987）对企业国际化进入模式进行了具体划分，认为企业可以通过出口、许可证管理、销售代表处、合资、并购、绿地投资、建立研发中心等方式实现国际化。Young（1996）和鲁桐（2003）根据企业进入国际市场的方向，将国际化进入模式分为内向国际化和外向国际化，内向国际化建立在国内市场的基础上，以购买专利技术、特许经营等形式提高企业在产品生产、技术和管理创新方面的能力，而外向国际化建立在国外市场的基础上，通过向国际市场提供产品、技术和资金等方式，实现国际化，他认为这是国际化的高级形式。Tse等（1997）将企业国际化的典型形式分为出口、许可证管理、合资及全资子公司。沈科兰（2006）将企业国际化进入模式分为贸易式、契约式和投资式三种（见表1-3）。叶明珠（2010）将企业国际化分为三种模式：非股权进入模式，包括出口以及建立营销处；

部分股权进入模式,包括建立合资企业;全资控股进入模式,包括建立全资子公司、研发中心。陈立敏(2017)通过对1986~2016年国际顶级管理学期刊的计量分析,总结出三种常见的企业国际化分类维度与方式,即所有权程度、控制程度和资源承诺水平,并对各进入模式的优缺点进行了比较,认为企业国际战略联盟是企业进入国际市场的新型进入方式。

表1-3 企业国际化三种进入模式

进入模式类型	具体内容
贸易式进入模式 (Trade Enter-mode)	直接出口(Direct Export)
	间接出口(Indirect Export)
契约式进入模式 (Contractual Enter-mode)	许可证经营(Licensing Agreement)
	特许经营(Franchising)
	交钥匙合同(Turnkey Contracts)
	管理合同(Management Contract)
投资式进入模式 (Investment Enter-mode)	合资企业(Joint Veture)
	全资子公司(Wholly Owned Subsidiary)

企业国际化进入模式多种多样,关键是企业能够发现自身的比较优势,制定合适的国际市场进入策略,从而强化在国际市场上的竞争力。为了更好地进行分析,本书借鉴沈科兰(2006)企业国际化进入模式划分,将企业进入国际市场的方式分为出口贸易式、技术创新式、规模并购式和对外投资式四种。

第二章
贸易嵌入

第一节 贸易嵌入理论概述

贸易嵌入是指企业将在本国生产制造的产品和服务等，通过一定渠道向海外目标市场出口，从而进入全球市场，实现国际化。贸易式嵌入模式通常包含直接出口与间接出口两种方式。直接出口是企业通过建立国际出口部等将产品与服务向国外中间商或客户直接出口，不经过第三方而与海外代理商、经销商与客户建立营销联系。直接出口能够使企业有效实施国际化战略，及时跟进全球市场信息变化，建立与培养国际化高端人才，在参与国际化的过程中积累国际化经验，从而更好地提高企业国际化竞争力。间接出口则通过各种外贸机构等实现产品出口，企业自身并不直接参与产品与服务的国际营销活动。间接出口对于企业来说，并不需要太多的特殊投资，也不需要国际化的经营经验，但可以很好地扩大市场占有率，进入国际市场是一种经营风险最小的国际化进入方式。但是，通过间接出口方式，出口企业无法高效地实现对进入国际市场的产品进行控制，也无法更快地获取国际化经营经验。

近年来，部分学者基于异质性企业贸易理论对企业国际化模式进行了研究，旨在分析企业间接出口商品的原因。Bernard等（2010）、Felbermayr和Jung（2011）研究发现目标出口国的市场特征决定了企业国际化模式的选择，如市场规模、出口风险、国际合同的可执行性、文化距离等。通常情况下，对于规模小、难以进入的市场，企业会借助中间机构实现产品出口。企业国际化模式是循序渐进、不断演化的，对应地，市场规模将会经历"由近及远，先熟悉后陌生"的演变过程，从具体演变过程来看，市场扩张顺序一般为：本地市场→地区市场→全国市场→海外相邻市场→全球市场，发展路线一般为：国内生产和销售→通过中间商间接出口→企业自己直接出口→在海外设立销售部门→在海外设立分子公司进行跨国生产和销售。Ahn等（2011）认为企业国际化模式取决于企业与产品的特征，企业选择直接出口取决于企业是否能够承担出口固定成本，否则它会利用中间商，但由于中间机构需要提取一定额度的费用，意味着直接出口的企业利润空间会被压缩。由此，企业会根据生产情况进行选择，若企业的生产效率低，选择国内市场，暂不考虑出口；若企业生产效率较高，会借助中间机构间接出口；若企业的生产效率高，企业会选择对国外市场进行直接出口。

提升制造业产品出口的技术含量是中国企业对外贸易转型的重要内涵。跨国公司通过不同要素密集度生产环节安排到与之相匹配的国家，编织着覆盖全球的国际生产网络，形成了全球价值链分工体系。在这种新型国际分工体系下，企业不再只出口最终产品，而是专注于产品生产流程中的特定阶段。姚洋和张华（2008）通过技术测量方法，得出对外贸易导致企业出口产品技术含量的下降只是暂时的现象。齐俊妍和王岚（2015）将制造企业出口内部技术演进路径特征概括为：对于内资主导行业，技术升级先于贸易转型，外资企业加工出口技术升级先于内资企业；对于外资企业主导行业，技术升级先于贸易转型，外资企业加工出口技术升级先于内资企业。陈爱贞和钟国强（2014）通过对中国装备企业进出口贸易与技术升级关系的分析，认为由于产品出口，企业通过贸易方式逐渐融入国际市场，其与跨国公司竞争、合作的能力增强，学习能力提升，因此能获得FDI正的技术效应。

第二节　广博集团案例分析

一、文教用品制造行业发展现状

近年来，我国逐渐成为世界上最大的文教用品生产国，生产的产品销往国内外，我国文教用品贸易额占到世界的60%以上，文教用品行业逐渐成为我国轻工业出口创汇的重要来源（王璨等，2017），成为国民经济中的一大支柱产业，更在国际市场上扮演着重要角色。

经过多年的发展，文教用品行业内企业发展实力整体上升，涌现了许多的知名企业，如北京时代文具公司、广博集团股份有限公司、上海晨光文具股份有限公司等。因为文教用品投资低、见效快，企业进入行业的门槛也较低，所以吸引了众多小型初创企业的加入，造成行业内部同行竞争企业众多。为了应对激烈的市场竞争，文教用品企业不断推出新的产品来吸引更多的顾客，如笔芯带有葡萄香味，橡皮带有苹果香味等，这些香味通常由数十种挥发性有机物组成，其中有些是有毒有害物质，将会对人体健康造成伤害。可是，现有文教用品标准中未对有毒有害物质做出更多的限制指标，在对文教用品新产品的检验中缺乏实际安全标准。

近年来，我国文教用品制造企业开始将目光投向海外市场，各企业在国际市场上纷纷建立配送中心和销售网络平台，产品销往世界各地。据统计，2017年，我国文教办公用品出口交货值累计186亿元，同比增长

4%；体育用品出口交货值累计568.7亿元，同比增长5.1%[①]。文教用品行业已经成为我国出口创汇的重要行业之一。

二、广博集团简介

广博集团股份有限公司（以下简称广博集团）成立于1992年，其主营业务包括轻工文具、投资贸易和新材料电子等。广博集团是国内第一家文具A股上市企业（02103），拥有14家控股子公司，同时在洛杉矶和我国香港地区设有海外分公司，在国内拥有30多家营销分支机构，拥有浙江、江苏两大生产基地。产品销往世界100多个国家和地区，先后获得了中国品牌、中国驰名商标、中国十大文具品牌、2008年北京奥运会中国首家纸品文具经营商、中国民营企业500强、国家印刷示范企业、国家文化出口重点企业、全国五一劳动奖状等荣誉，成为国内最大的文具一体化供应商和最具竞争力的办公文化产业，坐拥30亿元的总资产，拥有7000多名员工[②]。广博集团拥有文化、品牌与创新三大特色，依靠这三招广博不断发展前进。

（一）以员工为中心的企业文化

广博集团深知员工努力程度对企业发展的促进作用，在其文化意识中，员工一直是技术改革、生产制造、文化建设与维护、转型升级的先锋军与主力军。由此，广博集团围绕员工打造员工型企业文化，即以提升员工的责任感、归属感、成就感等为主要内容，构建一个学习为主，文化为辅的"学习广博"、"文化广博"。

为了打造学习型企业，提升员工学习兴趣，广博集团在企业内部开办了职工学校。职工学校担任着岗前、岗中培训的重大职责。首先，新进员工必须进入职工学校接受制度培训与岗位培训，重点接受文化培训，对于某些特殊工种或专业操作人员，职工学校进行统一的操作技能培训，鼓励

---

① 资料来源：三胜产业研究中心，http://www.china1baogao.com/。
② 资料来源：广博集团股份有限公司官网，http://www.guangbo.net/。

"师徒制"氛围。其次,对员工进行技能技术考核,制定内部竞争机制与淘汰机制,营造互相追赶与学习的良好氛围。

除了营造学习型的文化,广博集团还围绕企业文化进行文化产业包装,以有计划、有选择营造企业文化。在营造企业文化过程中,树立学习与娱乐为一体的宗旨,坚持"以文化促进发展,以发展建设文化"的指导方针,按月度、节日及季节性来安排活动的主题和中心内容,提升员工共同参与的积极性。广博集团还设立了标准篮球场、文化中心等活动场所,文化中心配备卡拉OK室、棋牌室和乒乓球室等,充分给予员工休闲和娱乐的文化活动空间和时间。每年都会开展一系列的文化活动,如拔河比赛,四人制足球赛,与兄弟单位和消防单位、机场边检等的篮球友谊赛,都为广博集团的文化活动添加了最具活力的元素。尤其是近年来由集团组织举办的文化艺术节,通过漫画、书法、广告设计、卡拉OK、征文比赛等多种多样的形式,集中展示广博集团员工的精神风貌。

(二)用响亮的品牌照亮前程

广博集团认为,作为一家文化产品制造商,品牌是企业未来发展壮大的灯塔。为此,广博集团打造了"传承文化、创造价值"的品牌核心理念,以文化特色包装产品、用文化行销广博制造、用文化提升广博品牌。早在1996年就注册了"广博"商标,并陆续在海外30多个国家和地区注册成功。

进一步地,一直致力于品牌化发展的广博集团,树立了"人人是品牌"的责任意识,希望以此提升企业在技术创新、产品质量和特色服务等方面的价值。基于长期的品牌效应与社会认可,先后获得众多荣誉,很快便成为国内文具行业的领先者。

广博集团还积极在全球市场拓展广博品牌。为了让广博品牌拥有全球视野,实现文化的大融合,广博集团先后在我国香港、美国洛杉矶、阿联酋迪拜成立了3家营销公司,布局比利时、意大利等20多个代理机构,这些机构的建立不仅拓展了广博集团的全球市场,更提升了其在全球市场中的品牌价值。为了在全球市场上体现中国文化的特色,广博集团以福文化、剪纸等形式为主的中国传统文化，打造具有中国文化的产品，推向全球市场，获得了广泛的认可。2009年，广博集团在欧洲和美国20多个国家和地区注册了新商标"KINBOR"，成为广博文具在欧美市场发展高端品牌的开始。

（三）以技术创新保驾护航

技术创新是一个企业发展的根本来源，更是一个企业长久不衰的活力所在。从成立时开始，广博集团就非常注重技术创新，期望从创新发展中获得竞争优势和利润增长点，致力于成为一家创新型企业。

广博集团认为，要提升技术创新能力，先得建立统一的行业标准，要让其他追赶企业认可自己。基于在行业中的突出贡献，从2005年开始，先后主持或参与修订了多项行业标准，如《相册、名片册行业标准》、《簿册行业标准》、《弹簧票夹行业标准》等。

为了提升行业竞争能力，广博集团围绕技术创新建立了研究所和产品研发中心，多次聘请国内外技术开发专业人士，获得了多项国家专利。为适应全球竞争的需要，设立了广博研究院，拥有文具研发中心、数码电子研发中心、纳米材料研发中心3个省级研发中心，并在上海设立广博数码电子研究所，聘请韩国、日本、美国等国家的设计师和技术人员，不断加强科技创新。

三、广博集团创新网络历程

广博集团关键事件如图2-1所示。

（一）本地化发展阶段（1992~1996年）

1992年，广博集团还是一家负债80万元[①]、濒临倒闭的小型彩印包装厂，在董事长王利平的带领下，公司重新步入正轨，创建围绕文具产品生产的广博企业。为了平稳渡过危机，促进企业的快速发展，王利平审时度势，抓住广交会的机会，于1994年将企业产品首次带到会上。由于广博

---

① 王晓莎. 广博集团：三招闯世界［J］. 印刷经理人，2014（02）：46-47.

集团新颖的产品理念和出色的产品特色,成功接到了英国伊格尔顿公司"马票本"订单,这是一份关于笔记本生产的订单,是广博集团的第一笔外贸出口订单,也是其给海外企业做贴牌服务的开端,从印刷行业延伸出来的多元产业,盘活了企业,巩固了企业的根基。

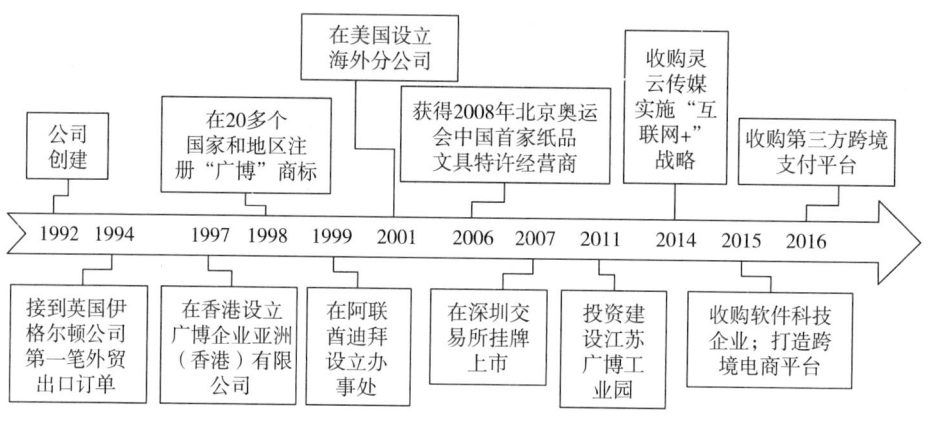

图 2-1　广博集团发展过程中的关键事件

资料来源:根据企业官网数据整理。

企业生存问题解决以后,王利平开始考虑企业产业升级以获得长久发展。受政策的影响,广博集团开始积极寻求"引进来"的发展新路径。1995年,与东顺昌(香港)国际企业公司成立第一家中外合资企业——宁波伊斯达纸业有限公司,该合资企业以文具用品、办公用品、纸品包装、文具及印刷机械的生产和销售为主营业务,帮助其拓展业务领域,为发展带来新的活力。

1996年,王利平到德国参加文具产品展览会。会上,王利平发现公司生产的文具产品贴上英国伊格尔顿的商标后,其售价比原本生产加工的价格足足高了300%,王利平当时感触很深,认识到一个企业品牌的重要性。回国后,王利平立刻着手企业商标注册,很快便以"广博"注册为企业的商标,寓意"广聚智慧,博而出彩",从此企业有了自己的品牌,也有了企业长远生存和发展的"通行证"。

该阶段，广博集团从即将倒闭的悬崖边缘被拉了回来，暂且获得发展的一丝机会。20世纪90年代，在改革开放的浪潮下，受政策影响驱动，积极投身其中，通过参加广交会这个契机，获得海外订单，盘活了企业；随后，积极走出去，与外资企业合作，成立合资企业，使得盘活的企业又获得新的发展动力。在这一过程中，广博集团意识到自主品牌与创新能力的重要性，通过注册商标形成自主品牌。但该阶段，广博集团与外部组织合作很少。由此可见，在创新网络的孕育期，主要受政策影响，其企业创新网络结构单一，创新方式较为简单。

（二）超本地化发展阶段（1997~2006年）

前期的发展为广博集团在此阶段网络的延伸奠定了重要的基础。初期广博集团尝试"引进来"，并收获了不错的效果。到了该阶段，受政策鼓舞，逐渐认识到在全球化的背景下，企业已经是全球市场的一部分，应该主动适应而非被动迁就，应该结合"走出去"与"引进来"而非封闭自我，止步不前。纯粹的"引进来"，只能获得有限的发展能力，全球市场更为宽阔，更适合广博集团有所作为。

于是，1997年，广博集团调整企业发展策略，开始实行"走出去"战略。香港的回归为其发展带来新契机，在国家政策的支持下，广博集团在香港设立广博亚洲（香港）有限公司，其影响的范围能辐射以新马泰为代表的东南亚消费市场。同年，与英国一家公司取得联系，共同开拓欧洲文具市场。1998年，获得自营出口权，为企业"走出去"提供了更多的便利条件，为进一步建设和完善海外销售体系，公司开始在海外20多个国家和地区注册"广博"商标，为实现全球市场抢占重要先机，产品全面进入以色列、意大利、俄罗斯、英国、德国等国家，在冰岛、瑞典、挪威、芬兰4国设立北欧产品总代理，在法国和德国设立总经销。平价格、高质量和新款式的竞争优势，获得了全球采购巨头的信赖与认可。1999年，以网上竞标的方式，全球三大零售集团之一的家乐福选择广博集团作为其进入国内市场的供应商。中东是世界文具消费的主要集散地之一，为打开中东这块重要的市场，广博集团于1999年在阿联酋迪拜设立办事处与销售分公司。2001年，广博美国股份有限公司成立，并在美国分公司的帮助下，最终获得了入驻沃尔玛的资格，为广博文具全面进入美国市场奠定了基础。2003年上半年，伊拉克进入战后重建时期，广博集团抓住商机，制定相应战略进入该片市场，获得的订单同比增长320%。

在实施"引进来"战略上，广博集团邀请包括意大利、美国等在内的20多个国家与地区的近50多名海外管理与产品专家为广博长期发展制定策略，他们在如何进入当地市场、怎样获得当地大量市场信息、文具如何设计以得到当地欢迎，以及如何建立便捷的营销渠道等方面为广博集团带来了许多宝贵的意见与技术，使得其迅速进入国际市场。

在坚持市场"走出去"与"引进来"双结合的基础上，广博集团还对技术创新进行了良好的探索，一方面，继续保持与原有合作企业的技术交流；另一方面，通过积极拓展网络合作渠道，建立如与HAWA等的创新合作，实现多渠道合作。广博集团还吸引世界各地的人才为其发展做出贡献。海外人才是广博集团获取海外市场的关键因素，由多个国家和地区设计师和技术人员组成的广博技术研发团队，为广博布局全球市场提供技术支持。该阶段，广博建立广阔的海外市场体系。在全球市场需求不断扩大的背景下，围绕文具产品外销，坚持对市场的快速进攻，形成一套营销网络体系。同时，基于市场供需与企业品牌的发展，广博集团创新网络也得到了一定的建设，并获得快速发展。由此可见，创新网络生存期，企业在市场需求的驱动下，建立更加完善的创新网络，网络结构不再单一，但网络规模仍然较小，网络强度呈现较弱的特征。

（三）全球化阶段（2007年至今）

此阶段，广博集团真正走向国际化、品牌化。2007年初，与韩国最大跨国企业集团也是世界500强的三星集团合作承担奥运台历印务，数量为100万份，并以此成为2008年北京奥运会中国首家纸品文具经营商。同年，以"到欧洲路演去"为口号，将广博集团新产品，如礼品相册、数码相机、幼儿图书等以展览的形式带到欧洲、美国、迪拜等国家与地区，向全球人民展示出广博集团产品的独特性与创新性，得到新老客户的热捧，在实现市场全球化的同时实现产品品牌化。

另外，为了拓展产业体系，2010年广博集团联手《喜羊羊与灰太狼》，开拓动漫产品，研发设计了100余款的动漫元素文具产品，促进公司总体销售额增长20%左右。为了继续做好文化创意产业，2011年，广博集团与多家动漫公司达成了长期合作关系，共同设计、制造与销售一大批海内外游戏卡通形象产品。同时，借助海外顶尖设计师的支持，广博集团从外观包装为切入口，融入国际市场产品要求，实现和国际市场的同步。目前，广博标识的自主品牌文具已经成功摆上家乐福等国际零售店的货架。广博集团以"制造＋创意"的产业发展模式让其从传统的文具生产拓展到图书、印刷、版权合作等领域。

2013年，广博集团尝试进行了几次收购，并获得了不错的成绩。2014年，收购灵云传媒，开启互联网广告营销新时代，以实施"互联网＋"的战略。此次收购，为其差异化运行模式提供互联网营销的人才和技术，深化其在互联网营销领域的布局，打造全新的综合性电商平台，从而开启新的营销路径，未来广博集团将通过灵云传媒收购更多的互联网广告公司以做大做强。2015年，收购软件科技企业，旨在打造跨境电商平台，成为国内第一家文具行业垂直电商平台，以迎合时代发展潮流与消费者需求转变。2016年，以3.3亿美元收购跨境支付公司汇元通，汇元通在跨境支付领域长年积累的技术能力、运营能力能够进一步完善广博集团的跨境商务及相关服务业务链，有效提升其电子商务综合服务能力，提供一站式的流量导入、经营管理、支付结算服务。同时，汇元通海外较强的客户拓展能力也可以帮助广博获取海外商家资源，达成跨境服务方面的业务合作，打破上市公司电商业务壁垒。2018年，以12亿元收购杭州掌优科技有限公司100%股权，掌优科技属于软件和信息技术服务业，主要从事移动互联网广告推广服务，此次收购进一步加强了广博集团的互联网营销能力。

该阶段，广博集团主要通过并购的手段获得行业最为先进的技术，无论是创新网络的数量还是质量都大幅度提升,而且国际化合作成为其最重要的发展模式,创新网络节点组织的国际化程度越来越高。

四、广博集团创新网络分析

(一)广博集团创新网络演化阶段特性

1. 本地化发展

广博集团出现的第一个命运转折点是广交会的举办,广交会使得广博集团重获新生,获得企业得以在极其危急的情况下所需的业务,与我国香港企业的合资建设进一步巩固企业主营业务能力,产品展览会的参与也让领导层意识到品牌的重要性。该阶段,广博集团创新网络呈现如下特征:①利用在几次外部交流中形成自身发展的业务能力与品牌建设,有力地巩固了企业发展的根基,属于本地化创新网络。②最初的广博集团是从一个濒临倒闭的企业中顽强发展起来的,处于此阶段的广博集团在行业中无论是技术实力还是发展能力都不及行业其他企业,存在着较大的知识异质性。③为了获得生存的可能性,争取到了英国公司的外包业务,形成生存发展能力,但二者合作目标是不一样的,广博集团旨在获取资源,英国公司旨在打开中国市场,二者在利益共享性上存在差异。④两者的利益目标差异决定了二者在实现目标的过程中存在动作行为的差异性,广博集团注重生产能力的形成与积累,而如英国公司等更希望形成简化管理,存在不协同性。⑤创新网络具有动态性,各节点组织合作灵活,不受契约等约束(见表2-1)。

表2-1 广博集团创新网络第一阶段演化特征分析

演化阶段	影响因素	演化特征				创新能力
		异质性	利益共享性	协同性	动态性	
本地化创新网络	政策驱动:改革开放	知识异质性较大	存在差异	动作不协同	动态开放、灵活	资源支持:承包业务品牌构建

2. 超本地化发展

此阶段，广博集团实行"走出去"战略，先后将文具产品销往亚洲、欧洲、美国等地区与国家，形成以贸易出口为主、以技术引进为辅的国际化发展战略，促进企业快速健康发展。广博集团的创新网络呈现如下特征：①建立海外销售分公司以进入国际市场，与海外企业进行销售与技术合作，在建立海外销售体系的同时，学习其管理经验和技术，形成外部有效合作机制，属于跨区域创新网络。②构建合作机制促进广博集团快速适应国际市场，形成集海外销售与技术协作的发展新机制，发展实力逐渐向行业上游发展，其与其他组织的知识异质性不断降低。③节点组织开始参与到广博集团发展的全过程，在新产品研发、销售和生产等环节提供技术支持。④不仅与海外企业合作销售、生产等环节，还进行技术交流与合作，在动作上更为协同。⑤创新网络具有动态性，各节点组织参与性更为灵活多变（见表2-2）。

表2-2 广博集团创新网络第二阶段演化分析

演化阶段	影响因素	演化特征				创新能力
		异质性	利益共享性	协同性	动态性	
跨区域网络	市场驱动	知识异质性降低	共享部分技术成果	协同部分研发、生产、销售等环节	更为灵活多变	市场适应能力：进入国际市场

3. 全球化发展

该阶段，广博集团以"制造+创意"的产业模式形成一定的自主创新能力，搭上国际强企发展"便车"，借助几次收购整合案例成为国际化的品牌企业。广博集团的创新网络呈现如下特征：①与沃尔玛、迪士尼、家乐福等国际零售巨头合作，通过几次收购提升全球电子商务综合服务能力，与更多的企业建立技术合作关系，属于全球化创新网络。②与国际上实力雄厚的大型企业进行合作，合作的内容也更为丰富，同时成为奥运会首家纸品文具经营商，自身的实力也在逐渐增强，知识异质性差距较小。

③与合作企业彼此都渴望能在合作中加强自身技术的进步,与各节点企业能够很好地实现利益共享。④节点组织不仅与广博集团进行技术交流与合作,还参与其中的销售、生产等环节,更加协同。⑤与合作企业合作形式灵活,其创新网络具有很强的动态性,合作机制灵活,受约束的可能性非常小(见表2-3)。

表2-3 广博集团创新网络第三阶段演化分析

演化阶段	影响因素	演化特征				创新能力
		异质性	利益共享性	协同性	动态性	
全球化网络	技术驱动	知识异质性很小	共享技术成果	完全协同研发、生产、销售等环节	动态灵活	自主创新能力:品牌国际化

(二)广博集团创新网络演化过程

通过对案例分析不难发现,广博集团的创新网络演化经历了本地化发展、超本地化发展和全球化发展三个阶段,创新网络演变过程中受不同影响因素的推动,获取了不同的创新能力,最终构建起与不同企业之间的创新网络(见图2-2)。

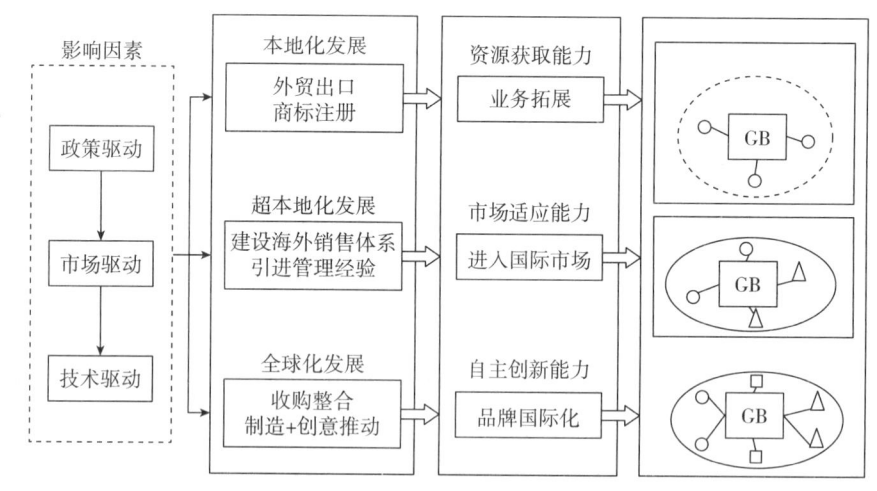

图2-2 广博集团创新网络演化过程

1. 本地化发展阶段

广博集团获得政策支持，在政府扶持下，领导层走出国门看世界，先后参加广交会和国际产品展览会，让世界看到了广博集团无限发展的潜能，由此获得出口贸易的订单，并在出口产品中将商标进行了注册，形成自主品牌，这一切都带动了企业的生存与发展。借助出口产品的过程广博集团形成业务拓展的能力，构建以印刷和包装纸品制造为主的企业营业能力，形成资源获取的能力。在政策的助力下，广博集团得以发展壮大，但合作处于初始阶段，合作企业与合作的内容较为单一，以简单的贸易出口方式很难获得有效的知识资源。

2. 超本地化发展阶段

广博集团积极开展"走出去"战略，为了开拓更为广阔的国际市场空间，企业构建海外营销体系，产品远销亚洲、欧洲、美国、中东等地区与国家，不再局限于国内与部分海外市场，不再局限于贸易出口，更多的是开展国际市场战略与技术引进战略，形成超本地化的发展，以更好地适应国际市场，推动企业在全球化发展背景下寻求更合适的发展路径。在进入国际市场的驱动下，广博集团以更加开放的态度与海外市场建立合作联系，合作企业不断增多，合作内容更加丰富，进而形成超本地化创新网络。

3. 全球化发展阶段

广博集团成为具有一定影响力的国际化品牌企业，为了能够形成自主创新的能力，企业加大国际化发展步伐，构建"制造+创意"发展的产业模式，打造互联网发展思维，加大收购整合的力度。在技术创新能力的驱动下，广博集团构建企业与海内外不同类型企业合作的机制，合作的对象呈现丰富特征，合作内容日益广泛，促进企业全球创新网络的形成与发展。

五、结论与启示

(一) 研究结论

广博集团借助贸易出口的方式一步步迈入国际市场，形成一系列技术创新手段与能力，构建了一个能推动企业快速长久发展的创新网络。从中我们可以得出以下结论：

1. 企业创新网络演化发展受到不同影响因素的驱动

企业的发展难免会受到内、外部各种因素的影响，企业创新网络从形成到完善也会受到各种影响因素的驱动变化。像广博集团这样的在20世纪90年代末期创建或已经创建的制造型企业，其发展影响因素大致经历了一个政策驱动—市场驱动—技术驱动的过程，不断推动着企业发展成熟。

2. 企业创新网络演化带动企业创新能力的变化发展

广博集团在其创新网络动态演变过程中，其创新能力由资源获取向市场适应最后向自主创新能力转变，大致经历了一个由低级能力向高级能力转化的过程。

3. 企业创新网络的动态演化带动与企业合作对象的变化

一般来说，随着企业创新网络的完善发展，企业与外部组织合作的数量与质量都会发生变化，合作对象企业在数量上不断增多，合作内容在质量上不断提升，进而促进企业创新能力发生动态变化。

（二）管理启示

广博集团的创新网络促进企业技术创新能力的进一步发展，带动企业形成自主创新模式。通过对广博集团创新网络的分析，我们可以得到以下管理启示：

1. 企业通过贸易出口可以实现国际化

虽然对于企业来说，通过贸易出口迅速实现国际化较为困难，但企业国际化发展步伐需要稳扎稳打，贸易出口可以帮助企业获得国际市场基础，助力企业形成自主创新能力。所以，企业在进入国际化市场中如果发展较为困难，可以考虑借助贸易出口的方式寻求以慢而稳的国际化进入模式。

2. 找寻机会，瞄准市场

有时候，良好的发展机会可以带动企业快速发展，可是大部分机会都稍纵即逝，广博集团抓住改革开放的机会，在发展初期积极走出去，寻求贸易出口的最佳时机,为企业自身发展奠定了重要基础。市场可以分为成熟市场和不完全成熟市场,一般来说,后发企业进入已经成熟市场的阻力较大,进入不完全成熟市场的机会更大,所以企业尤其是后发企业要瞄准可以发展的市场,降低市场进入阻力。

第三节 扬子江药业案例分析

一、医药品行业发展现状

医药制造关乎国计民生,是基础性、战略性的产业。到目前为止,我国医药行业取得了快速的发展。据不完全统计,我国原料药和医药品制剂生产企业达5000多家,国有及国有控股工业企业1100家左右。其中,我国中医药开始向科学规范化方向发展,与西药的结合,生产制造出40多种现代中药剂。另外,我国生产疫苗、类毒素、抗血清、血液制品、体内外诊断试剂等各类生物制药300多种[1]。所以,在医药行业中,我国医药品占据着重要的位置。

医药品技术投入在不断增大。从我国医药企业的市场发展情况来看,医药企业创新药物种类繁多,药品技术含量高,质量安全能够得到一定的保障。但由于医药企业过度发展,造成市场上医药品总量供过于求。部分企业技术含量低,新药研发能力低,严重阻碍了我国医药品进入国际市场。

医药行业在未来市场规模将进一步增长。从国内市场来看,医药市场

---

[1] 资料来源:2018年中国医药行业发展现状及未来发展趋势分析[EB/OL],http://www.chyxx.com/industry/201801/606521.html。

需求是一种刚性需求，由于我国人口众多，加上人口老年化速度加快、环境恶化等现象，人类疾病谱从传染性疾病逐渐过渡到慢性疾病，预计到 2019 年我国医药市场规模有望超过 2.2 万亿元。从国际市场来看，品牌是企业占据市场的重要手段。目前，国际创新药物种类繁多，药品技术含量很高，发达国家对药物研发投入不断增长，药物质量得到较好的保障。

医药行业整合速度加快。经过多年高速的增长，我国医药行业已经进入增长速度放缓的阶段，随着政策加严以及市场竞争加剧，医药行业发展的压力越来越大，收购兼并已经成为医药行业实现资源整合的必然选择。近年来，医药企业间的收购兼并案例不断涌现，大致可以分为三类：一是新版 GMP 认证，未达标的企业将停产，部分中小型企业无力进行 GMP 改造，成为大企业收购的对象；二是医药器械上市公司实行外延发展策略，依靠强大的技术和资金实现收购兼并；三是政策鼓励民营资本进入公立医药服务。

经过多年的发展，我国医药行业药品结构渐趋合理。现代生物医药、天然医药、海洋医药可能挑战常规化学医药的地位。疗效好、价格低是消费者用药时必须考虑的两个因素，所以，高效、低价的医药品会越来越受欢迎。而那些懂得创新发展的医药企业，能够凭借其技术研发能力在行业中越战越稳。目前，我国医药企业管理缺乏全面性管理理念的认知，资源利用程度较低，部分企业依然使用计划经济的管理理念，缺乏科学、有效的管理模式。

二、扬子江药业简介

扬子江药业集团（以下简称扬子江药业）于 1971 年创办，总部位于江苏省泰州市，已在全国建立了 20 多家成员子公司，营销网点遍布国内绝大部分市场。作为一家大型国家医药企业和首批科技部命名的全国创新型企业，扬子江药业年营业额能达到 385 亿元左右①。

---

① 资料来源：扬子江药业集团官网，http://www.yangzijiang.com/html/company.aspx。

第二章　贸易嵌入

（一）质量第一，效益优行

"药品质量是创新的基础，生产的药品要求质量好，只有质量好了，创新才有基础；创新的基础是药品的质量，这是一个基础理论，如果没有基础理论也不行，盲目的创新是不可能的。"这是扬子江药业董事长徐镜人在做客新华网"两会"访谈时说的。扬子江药业集团一直贯彻"质量第一，效益优行"的发展方针，除了按严格的企业内部控制标准，还把质量管理延伸到药用辅料管理，将"源头控制"与"产品检验"相结合，确保产品100%合格出厂。在集团内部全面实行化学药、生物药和中药"三药并举"的创新发展策略。扬子江药业拥有4个国家级创新研发平台，先后3次获得国家科技进步二等奖。集团践行"高质、惠民、创新、至善"的核心价值观，致力于为全社会提供高效优质的药品。据工信部发布的行业排名，2014~2016年扬子江药业连续三年位列全国医药企业百强第一名；2016年品牌强度、品牌价值位列中国生物医药板块第一名①。

（二）三高一特，科技强企

技术创新一直是扬子江药业发展的战略基点。按照高科技含量、高附加值、高市场容量和疗效独特的"三高一特"作为新产品开发战略，扬子江药业在发展过程中坚持走科技兴企、科技强企的发展道路，确立了由"扬子江制造"向"扬子江创造"转变的方向，基于此，加快推进扬子江药业由"仿制为主"逐步向"创新为主"过渡。扬子江药业拥有国家级企业技术中心、药物制剂新技术国家重点实验室、中药国家工程研究中心等创新平台。目前，扬子江药业已经形成以中药为主、中西药并举，覆盖抗生素、消化系统药等10多个系列10多种剂型100多个规格的产品群，形成"研发一批、生产一批、储备一批"的产品梯队，有力保障了企业的持续健康发展。多年来，累计获取新产品生产批件40多项，累计申请发明专利100多件。

（三）立足长远，走向国际

国际化是扬子江药业发展的长远目标。扬子江药业在做大做强药业、

---

① 扬子江药业集团官网，http://www.yangzijiang.com/.

加快科技创新的基础上,将迈向国际化作为企业的发展目标。2000年,获得自营进出口资格证书,药品远销东欧、非洲、南美等地区。2005年,通过对外贸易经营者登记备案,扩大了其出口产品的范围。2007年,扬子江药业在筹备CGMP、ADNA等一系列申请的同时,积极寻找国外长期合作伙伴,希望以合同制造、OEM加工等各种途径实现国际市场的有效拓展。集团加快实施高端制剂国际化项目,2013年底,37个生产车间全部通过了新版GMP认证,比国家规定的期限提前了整整两年,并有4个车间通过了欧盟GMP认证,20多个产品质量达到欧美药典标准,集团被中国食品药品检定研究院、江苏省食品药品监督管理局指定为实训基地。

(四)扬子江药业发展历程概览

扬子江药业前身于1971年10月成立。1988年获"江苏省省级先进企业"称号。1994年其医药产品胃苏冲剂获全国知名品牌。1999年,胃苏冲剂代表中国首次被列为欧盟市场推荐产品,开始走出国门。2000年,扬子江药业获得自营进出口权资格证书,直接出口实现"零的突破"。2002年,扬子江药业集团有限公司正式成立。2003年,建立北京技术研发中心。2008年,作为苏中、苏北地区唯一入选的全国首批"创新型企业"。2009年,扬子江药业董事长徐镜人出访澳大利亚、新西兰,参与当地举办的生物医药论坛等活动,取得了丰硕成果。2010年,在上海世博会上,扬子江药业与荷兰南荷兰省、SUB公司及莱顿生物科学园举行合作签字仪式。从此,扬子江药业和国际市场接轨,真正走上国际化,一发不可收拾(见图2-3)。

三、扬子江药业创新网络发展历程

扬子江药业从1971年成立至今已经走过了四十多年的发展历程,主要经历了三个创新网络发展阶段:整合国内优势资源阶段、国际合作探索阶段、国际合作形成阶段。在这三个阶段,扬子江药业的创新网络呈现政策驱动、技术驱动和市场驱动影响的演化过程。同时,在这三个阶段的创新网络作用下,扬子江药业获得资源支持、技术支持和平台支持(见图2-4)。

第二章 贸易嵌入

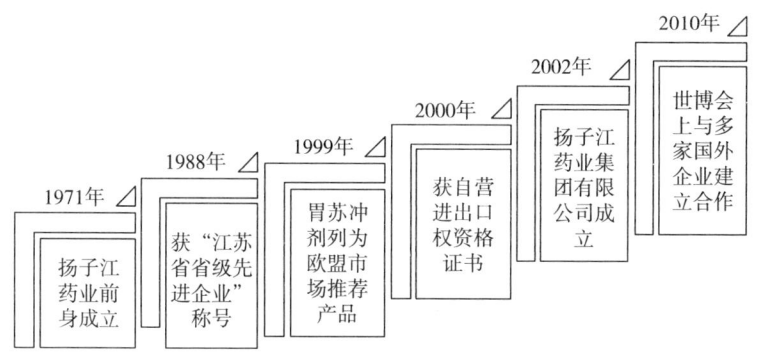

图2-3 扬子江药业关键事件一览

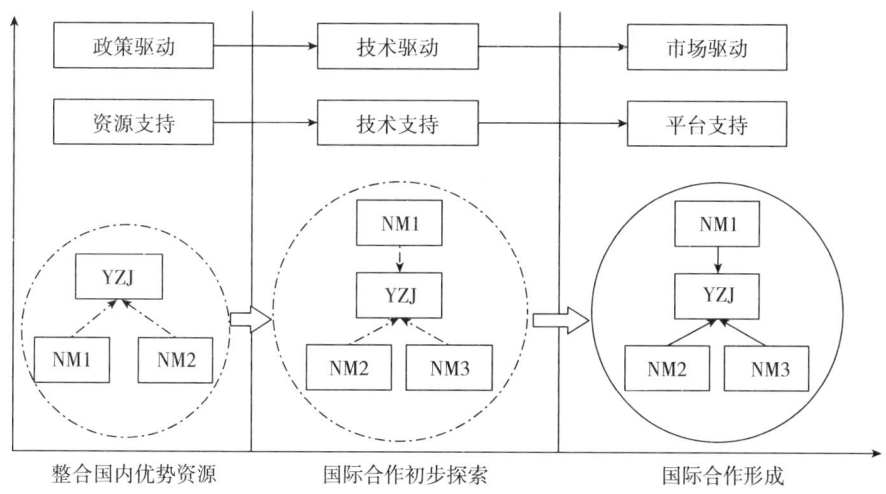

图2-4 扬子江药业创新网络演化分析

注：YZJ代表扬子江药业；NM代表网络成员；1、2、3代表不同类型的网络成员；虚实圆圈代表网络关系紧密程度。

（一）整合国内优势资源（1971~2000年）

扬子江药业成立之初，只是一个小小的制药车间。整个制药厂仅有6间房子、2个水缸、十几个工人，企业也以低端制造为主，没有自己的特色药品生产，药品生产大多数以仿制的方式进行，技术含量极低。在集团董事长徐镜人的带领下,经过十几年的艰难发展,到了20世纪90年代,受改革开放的洗礼,扬子江药业把企业重心转移到技术创新与资源整合上来。企业要想在市场中站稳脚跟,就必须摆脱完全仿制,需投身于产品研发上,拥有研发平台和产品专利体系才是企业发展之道。在该阶段,扬子江药业的资源整合属于国内整合(同行企业),国内科研资源整合(高校、研发机构),扬子江药业每年投资1亿元以上用于技术开发,很好地解决了研发经费不足的问题,但研发资金问题,只是解决问题的一小步,还有很长的路需要扬子江药业去走。认识到这点的扬子江药业积极行动起来。1998年,江苏医药行业首家博士后科研工作站——扬子江药业博士后工作站挂牌,成为扬子江药业发展的重要新动力。以集团总部的国家级技术中心为主体建设现代化学药研发技术平台;积极引进国内企业的先进药品制造技术,与国内高校和研究机构合作,共建联合实验室,旨在联合研发新药品,并先后研发出速效伤风胶囊、胃苏冲剂,迅速得到了市场和消费者的认可。鉴于此功绩,1999年扬子江药业被中国医药企业管理协会授予"96~98全国医药优秀企业"称号。本阶段,扬子江药业为了直接获得信息与资源,通过整合的方式建立生产能力和初步研发能力,为企业下一步的发展奠定了坚实的基础。

(二)国际合作初步探索(2000~2008年)

经过前几十年的发展,扬子江药业从模仿式引进吸收中积累了部分技术,前期受资金不足的影响,技术创新合作放不开手脚。到了本阶段,扬子江药业资金日益雄厚,为了获得进一步的发展,公司渴望从模仿式创新转变为自主式创新。2000年3月,扬子江药业获自营进出口权资格证书,为其拓展进出口业务提供了便利条件,扬子江药业开始探索国际市场。在这一阶段,扬子江药业主要注重药品研发项目,与高校、科研机构、制药公司等建立了良好的合作关系。2002年,扬子江药业的"胃苏冲剂"、"银杏叶片"两个品种被国家科协技术创新中心授予"中华优秀科技创新产品",同时"碘海醇注射液"列入国家科技部火炬项目。由南京大学、北京中医药大学、南京中医药大学、南京理工大学、中科院上海药物研究所5家高校、研究所共同参与组建的"南京海陵中药制造工程研究中心"成立，为扬子江药业开辟国内外市场奠定了良好的基础。2004年，扬子江药业同美国德克公司的韩伟博士合作，建立了旨在研发创新药的中美司佳联合实验室。在国外市场探索方面，扬子江药业从企业品牌形象的展示开始。2006年，扬子江药业协办博鳌亚洲论坛国际医药产业大会，会议期间由中华医学会、中国非处方协会、扬子江药业共同举办的全民健康教育行动正式宣告启动，会后确定了与参会企业的合作机制，合作面更为广泛。同年12月，扬子江药业一次性通过世界上最具权威的国际标准制定和体系认证机构之一——TUV公司质量、环境、职业健康安全"三标一体化"认证审核，向国外市场展示了扬子江药业产品质量，吸引众多企业的合作交流。

（三）国际合作阶段（2008年至今）

在第二阶段国际化初步探索的基础上，到了2008年扬子江药业国外合作达到一个新的阶段。转折点是2009年，扬子江药业董事长徐镜人出访澳大利亚、新西兰，参与当地举办的生物医药论坛等活动，确定了与部分国外企业的合作方式，形成医药交流合作平台，取得了丰硕成果。随后，2010年扬子江药业与荷兰南荷兰省、SUB公司及莱顿生物科学园合作，形成以产品销售、研发为主的合作方式。在这一阶段，扬子江药业在确定行业内的领先地位后，构建全球发展网络，不断与国际市场联系，在全球范围内建立生产基地与合作企业，各企业间的合作次数增多，网络线不断密集。2011年，公司从美国成功引进具有30年工作经验的某跨国公司全球研发副总裁担任研究院院长，领衔创新药物研发，2017年与西班牙莱博苏恩公司、北京康利华咨询服务有限公司签订合作协议，正式开始同欧美国际合作项目，从此扬子江药业全面开启国际合作体系，合作内容的丰富化、合作形式的多样化推动了扬子江药业的快速发展。

四、扬子江药业创新网络分析

（一）扬子江药业创新网络演化阶段特性

对于企业创新网络演化分析，郑亚莉和潘松挺（2013）从本地化网络、跨区域网络和全球网络三个层次入手，结合海宁皮革城为案例对象，对企业在层次中的资源、知识、技术、资金、市场等进行演化分析，认为不同类型网络机制和作用各不相同，焦点企业创新网络存在动态演化特征。张伟峰和万威武（2004）将企业创新网络的特征概括为异质性、协同性、动态性和利益共享性，认为企业构建创新网络是为了获取主体间的不同资源，这是形成创新网络的基础。创新网络中的主体为了共同目标会共同参与新产品的研发、生产和销售过程；同时，创新网络是一个开放的互动体系，形成的成果会在各个主体之间进行分配（见图2-5）。

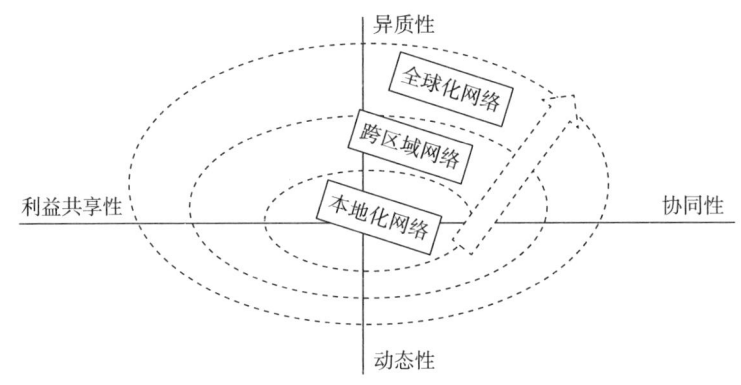

图2-5　企业创新网络演化特征

1. 整合国内优势资源

成立最初的扬子江药业存在着生存隐患，很难在医药市场上站稳脚跟，更别谈如何开拓了。但扬子江药业本身并不是碌碌无为，在董事长徐镜人的带领下勇于站在最前沿，杀出一条血路，成就了一方霸主。在这个阶段，受到政策刺激的扬子江药业开始与国内企业、高校、研发机构等开展研发合作，建立技术研发平台，还积极学习行业技术经验，并先后研发出胃苏冲剂和速效伤风胶囊。这两种药品使得扬子江药业站稳了脚跟，在行业内也获得不小的名气。该阶段，扬子江药业创新网络呈现如下特征：①积极同国内周边高校、科研院所等合作，整合周边技术资源与信息，属于本地化创新网络。②与周边高校、科研院所等存在着明显的技术差异现象,扬子江药业希望同周边高校、科研院所通过简单的技术合作来研发新药品。③与其合作节点组织有着大致相同的目标,但扬子江药业更突出主体目标:研发新药品,而其节点组织突出组织自身价值目标,利益共享存在差异。④节点高校与科研院所等在创新网络中充当产品研发的角色,扬子江药业在创新网络中同时进行研发合作、销售与生产动作,在某些动作上并不存在协同性。⑤其创新网络具有动态性,各节点组织合作灵活,不受契约等的约束(见表2-4)。

表2-4 扬子江药业创新网络第一阶段演化分析

演化阶段	合作对象	影响因素	演化特征				创新能力
			异质性	利益共享性	协同性	动态性	
本地化创新网络	国内企业高等院校研发机构	政策驱动:改革开放	知识异质性较大	研发新药与自身价值目标的差异性	动作不协同	动态开放、灵活	资源支持:胃苏冲剂、速效伤风胶囊

2. 国际合作初步探索

2000年,扬子江药业获得自营出口权资格,可以较为方便地进入国际市场。由南京大学、北京中医药大学、南京中医药大学、南京理工大学、中科院上海药物研究所5家高校、研究所共同参与组建的南京海陵中药制造工程研究中心成立,进一步充实了企业技术实力。同时,开始将目光有意识地转向国外市场,进行初步探索。协办博鳌亚洲论坛国际医药产业大会、参加中国非处方协会、获得"三标一体化"认证审核、准备CGMP、ADNA等一系列申请,希望能够通过合同制造、技术转让、OEM加工等各种途径,积极寻求国外合作伙伴,为其走向更广阔的市场舞台打好了坚实的基础。该阶段,扬子江药业的创新网络具有以下特征:①与数量更多、区域更广、实力更强的高校、企业和科研院所进行技术合作,并初步尝试走向国外,不再局限周边有限的知识资源,属于跨区域网络。②经过长时间的技术发展,扬子江药业的某些技术逐渐成形(具有代表性的是"胃苏冲剂""银杏叶片",并被授予"中华优秀科技创新产品"),与一些节点组织的知识异质性降低。③与节点组织拥有共同的目标,能够较好地实现利益共享。④节点组织开始参与到扬子江药业发展的全过程,在新产品研发、销售和生产等环节开始提供技术性支持。⑤其创新网络具有动态性,各节点组织参与性更为灵活多变(见表2-5)。

表2-5 扬子江药业创新网络第二阶段演化分析

演化阶段	合作对象	影响因素	演化特征				创新能力
			异质性	利益共享性	协同性	动态性	
跨区域网络	国内外部分企业、高等院校、研发机构	技术驱动:由模仿式创新向自主式创新转变	知识异质性降低	共享部分技术成果	协同部分研发、生产、销售等环节	更为灵活多变	技术支持:南京海陵中药制造工程研究中心、"三标一体"认证审核

3. 国际合作阶段

在这个阶段,扬子江药业正式走向国际舞台。2009年,在董事长徐镜人的带领下扬子江药业通过一系列的参加会议达成与国外企业合作的机制,与荷兰南荷兰省、SUB公司及莱顿生物科学园合作,建立药品供应合作关系,形成以产品销售、研发为主的合作方式,合作内容更为广泛。与西班牙莱博苏恩公司、北京康利华咨询服务有限公司签订合作协议,扬子江药业正式踏入欧洲市场。该阶段,扬子江药业的创新网络呈现如下的特征:①正式与国外领先技术合作,合作内容更为丰富,合作伙伴更加广泛,并处于核心位置,属于全球化网络。②节点组织要么是技术更先进的组织,要么是具有更多资源的组织,知识异质性差距较小。③与各节点企业能够很好地实现利益共享,彼此渴望能在合作中加强自身技术的进步。④节点组织不仅与扬子江药业进行技术交流与合作,还参与其中的销售、生产等环节,协同性更为密切。⑤与技术合作企业合作形式灵活,可以与不同企业在不同时段进行合作,其创新网络具有很强的动态性,合作机制灵活,受约束的可能性非常小(见表2-6)。

表 2-6 扬子江药业创新网络第三阶段演化分析

演化阶段	合作对象	影响因素	演化特征				创新能力
			异质性	利益共享性	协同性	动态性	
全球化网络	全球企业、高等院校、研发机构	市场驱动：国际市场	知识异质性很小	共享技术成果	完全协同研发、生产、销售等环节	动态灵活	平台支持：医药交流合作平台

（二）扬子江药业集团创新网络演化过程

通过对案例的分析不难发现，扬子江药业的创新网络演化也经历了国内优势资源整合、国际合作初步探索和国际合作形成三个阶段，并可以具体分为影响因素、合作对象、网络类型及创新能力获得四个维度来分析扬子江药业创新网络的具体演化过程（见图 2-6）。

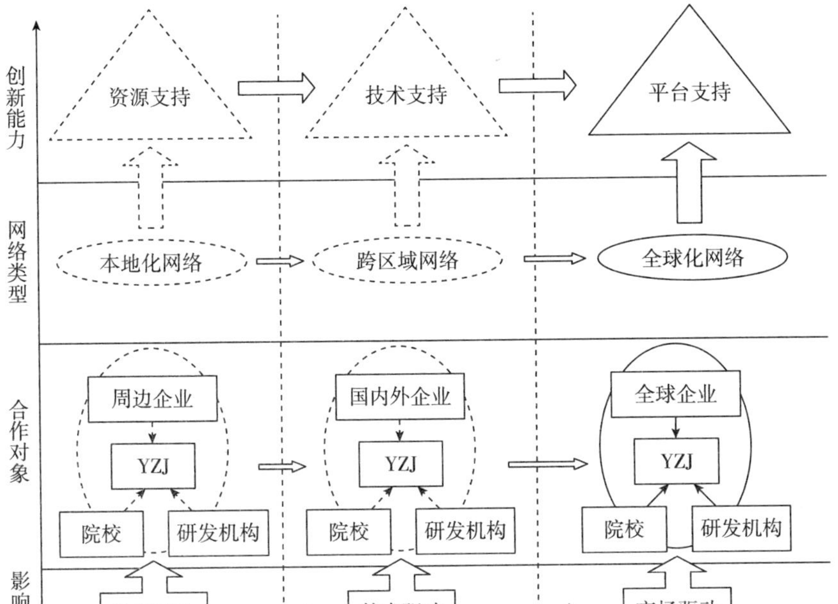

图 2-6 扬子江药业创新网络演化过程

1. 整合国内优势资源阶段

在影响因素方面,扬子江药业受改革开放政策的影响,改变传统的封闭式模仿创新,开始把企业重心转移到吸引式技术创新与资源整合上来,寻求技术合作对象,企业的创新网络开始慢慢崭露头角。在整合过程中,逐渐同国内企业、高等院校和研发机构等进行技术交流,但合作处在初期,彼此的知识异质性较大,技术成果很少进行分享,研发、生产和销售等环节参与性小甚至彼此不干预,关系很弱。在网络类型方面,属于本地化资源整合网络,网络线还没有延伸出去,主要局限于周边合作对象。虽然在这个阶段扬子江药业属于本地化网络,网络关系很弱,但还是初步建立了技术研发平台,并先后研发出胃苏冲剂和速效伤风胶囊,使企业初步形成了资源获取能力。

2. 国际合作初步探索阶段

在影响因素方面,扬子江药业亟须从模仿式创新转变为自主式创新,尽全力获得进出口经营资格,为探索国际技术合作铺平道路。利用合作的便利性,同国内外高等院校、企业、研发机构等组建南京海陵中药制造工程研究中心、中美司佳联合实验室,合作对象也由国内合作转变为国内外协同合作,彼此的知识异质性明显降低,能够分享彼此的技术成果,协同性也明显增强。在网络类型方面,扬子江药业的技术交流与合作不再局限于周边与国内资源,开始将目光投向海外,形成跨区域创新网络,网络间的合作内容更为丰富,关系增强。得力于组建的研发中心、中美司佳联合实验室等,为扬子江药业的发展提供了源源不断的技术支持。

3. 国际合作形成阶段

在影响因素方面,扬子江药业将目标市场投向海外尤其是欧洲国家与地区,通过一系列的国际会议,建立药品供应合作关系,形成以产品销售、研发为主的合作方式。在合作对象方面,建立与全球企业、国内外高等院校和研发机构的合作,合作对象更为广泛,彼此技术差异性很小,技术合作是为了形成供销体系,技术成果能够得到最大化的分享,技术动作基本协同。在网络类型方面,扬子江药业形成与全球企业、高校和研发机构的合作生态体系，形成全球创新网络，彼此关系很强。构建的合作生态体系为扬子江药业提供产品销售、研发与医药交流合作平台支持，形成扬子江药业进入国际市场的重要保证。

五、结论与启示

（一）研究结论

基于企业国际化发展背景，以扬子江药业为研究对象，采用单案例研究方法对企业创新网络演化机制的问题进行探讨，并从影响因素、合作对象、网络类型和创新能力等方面分析企业创新网络阶段性演化，分析企业从本地化创新网络向全球化创新网络转变的全过程。

（1）企业创新网络经过整合国内优势资源、国际合作初步探索和国际合作形成三个阶段，从情景化—过程化—结果化的逻辑出发，发现创新网络在知识异质性、利益共享性、协同性和动态性等方面表现出不同的特性。

（2）从演化视角来看，企业创新网络的过程是不断动态演化的，企业创新网络从本地化网络向跨区域网络、全球化网络演变。在演变过程中，企业在影响因素、合作对象和创新能力获取等方面存在差异性。在影响因素方面，企业经历政策驱动、技术驱动和市场驱动的过程；合作对象由最初的周边合作向国内外合作、全球合作延伸；创新能力随着创新网络的演变经过资源支持、技术支持和平台支持的能力获取转变。

（二）管理启示

通过对国际化企业的分析研究，探讨了企业创新网络动态演化过程，结合研究结论，对我国企图走向海外企业的创新网络建设，提升自身创新能力从而促进企业转型升级具有一定的启示。

（1）面对企业国际化的发展趋势，中国企业需走出去和引进来，一方面，将国外先进技术引进吸收，实现技术转变，建立以本企业为中心的创新网络，收集分散的技术知识资源，形成围绕本企业的网络结构；另一方面，利用构建的创新网络实现快速资源转换，利用其高效率的特点，积极走向国际市场，建立自我发展优势。

（2）重视创新网络演变的影响因素，抓住机会提高创建创新网络的效率。创新网络演变受到不同因素的推动，需要识别不同的关键影响因素，把握好政策方向、技术走势和市场态势，整合区域网络，逐渐融入全球创新网络。

（3）要有力构建合作生态体系，发挥创新网络中每个节点组织的作用，在高校、科研院所和企业之间创造协同创新效应，促进技术知识的共享性，降低知识的异质性，形成一个系统合理、动态灵活的循环创新网络，以实现更高效率的运行体系。

（4）要关注创新网络所给予的创新能力。企业创新网络演变的阶段过程会对企业本身反馈不一样的能力支持，核心企业需要关注并利用好这些创新能力支持，以有效提升价值创造建设。

第四节　OULIN欧琳案例分析

一、家具制造业发展现状

工业革命后，西方发达国家的家具行业迈入新的发展阶段，开始将数控化制造、柔性技术等引入家具制造。而我国家具制造始于传统手工制造，直到20世纪五六十年代才开始引进部分国外先进制造技术，但仍然不能改变其劳动密集型产业的属性。近年来，全球家具行业呈现稳定态势，2006年全球家具行业总产值3250亿元，到了2015年，其总产值上升至4550亿元。未来，随着世界经济复苏与发展和新兴市场的快速崛起，家具制造行业将呈现繁荣的发展前景。

我国经济持续快速发展、城镇化建设步伐不断加快和居民人均收入水平不断提高，为我国家具行业的发展提供了良好的条件。但制造模式明显落后于产业整体发展速度,许多家具制造企业仍然以手工为主,机械化程度低。经过多年的发展,我国家具市场已经形成了一定的产业规模。各大家具企业实力大增,代表性的企业有宁波欧琳厨具有限公司、曲美家居集团、红苹果家具公司、廊坊华日家具股份有限公司等。根据国家统计局的统计,我国家具行业规模以上企业的主营业务收入持续快速增长,2008~2015 年我国家具制造业主营业务收入年均复合增长率为 14.77%,至 2015 年达到 7872.5 亿元[①]。

国际化是家具制造企业寻求的发展目标(吕祥龙,2018)。中国家具市场飞速发展,已经成为全球第一家具出口大国与全球家具供应中心。我国家具制造企业在技术创新水平上的提升得力于国际合作。一些企业不断引进国外资深家具设计师、管理专家、先进设备等,组建国际研发团队大大提高了家具生产的创新性,契合了国际市场的需求。同时,大型家具制造企业为了寻求更大的国际市场,创建国际销售网点与配送中心,为全球顾客带来高品质的厨房文化。

二、OULIN 欧琳简介

(一)建舟起航,石破天惊现"水槽"

宁波欧琳厨具有限公司(以下简称 OULIN 欧琳)创建于 1994 年。创立之初,OULIN 欧琳立志成为行业内的领先者。可当时,环顾四周,整个厨房家具行业荒凉百废,大多数家具制造企业主要靠工人们的双手获得些许的利润,而国外却早已利用数控技术代替人工的低效率。面对这种落差,OULIN 欧琳该何去何从。

产品是公司的代言人,高质量的产品会给公司带来不一样的效果。在做足市场调研工作后,OULIN 欧琳发现改革开放以来,人们生活水平明显提高,不仅追求吃饱穿暖,更注重对健康高品质生活的向往,调研结果告诉 OULIN 欧琳大众追求厨房新颖,渴望家庭幸福从厨房开始。为了满足大

---

① 资料来源:中国报告大厅,www.Chinabgao.com。

众的这一需求，OULIN欧琳及时推出首套OULIN欧琳厨房，这款厨房体系在当时得到消费者的青睐，人们都赞叹其优质的厨房用具与设计风格。

可是，OULIN欧琳深知厨房家具行业内都存在很多的技术问题，很多新的厨房理念在国外早已实现，在国内却鲜为人知。例如，厨房水槽在国外厨房早已得到了运用，极大方便了下厨。面对这一问题，立志做些不一样事情的OULIN欧琳决定做国内水槽的"第一人"。不到1年的时间，在没有前人技术借鉴的情况下，OULIN欧琳最终将水槽这一概念引入千家万户，很快OULIN欧琳就占领厨房家具的重要市场。

（二）借风使船，虚心请教得技术

OULIN欧琳十分了解国内外厨房家具制造之间存在着巨大的差距，国外的技术及理念是国外家具行业发展迅速的关键因素。不甘于现状的OULIN欧琳渴望能得到新技术的洗礼。于是，1997年OULIN欧琳原装引进欧式厨电，从中得到许多技术启发。除了对技术的追求，OULIN欧琳希望从思想的层次改变企业、用户等的传统理念，推出"一体化厨房"、"整体厨房"的理念，将用户从守旧厨房观念中扭转过来。初次的技术尝试，让OULIN欧琳如同引用了糖水一般幸福，从此，OULIN欧琳踏上了技术探索之路。

要想拥有一流技术，首先就得学习、引进技术。OULIN欧琳不断加强技术交流合作，2000年分批引进欧洲专家，为OULIN欧琳研发做指导。2002年提出"欧洲型"、"中国芯"的概念，再一次转变人们的理念。2006年与国外企业合作的国内首个厨房色彩研发基地落户。2007年推出R10小圆角水槽工艺、超燃健康火燃烧技术，不断升级厨房。2008年成立国内首家厨房用具材料工程技术研究中心。此时的OULIN欧琳从学习技术到吸收技术最终转变为拥有技术，这一切都归功于OULIN欧琳虚心的态度和勇攀高峰的毅力。

（三）舵满风推，世博国奥攒动力

OULIN欧琳始终相信"为用户提供更快乐的品质生活体验"、"为用户提供更有品质的家"会成为"高端健康生活方式实现者"，更会成为"受尊敬的企业和个人"。拥有行业领先技术的OULIN欧琳越走越舒心，越走越坚定,因为背后有技术做帆,有品牌做水手,OULIN欧琳深信自己会在家具制造行业中浩瀚远航。

2009年OULIN欧琳成为国奥村、世博村厨房项目配套供应商,2010年,成为上海世博会厨具项目赞助商,同时推出OULIN欧琳世博低碳智能厨房。一时间,OULIN欧琳得到人们高度的赞扬,成为全球知名品牌,走向世界,更走向行业顶峰。2011年,启用国际领先的智能化厨具工厂,好莱坞巨星皮尔斯·布鲁斯南更是代言OULIN欧琳,在市场份额不断增加和技术实力持续提升的支持下,OULIN欧琳在全球行业中的地位也在不断提升。OULIN欧琳借力奥运和世博,不断提升品牌在国内外的影响力,引领未来厨房发展趋势。

(四)船坚炮利,高超技术显神威

OULIN欧琳在国内、国际建立了完善的市场营销,在国内建有1000多个销售网点,销售网络遍布全球70多个国家与地区。OULIN欧琳先后为万科、瑞安、金地等80多家大型房地产公司600多个项目实施橱柜、厨房电器和水槽的配套施工。欧琳中央研究院作为欧琳的"高铁列车头",下设院士工作站、博士后工作站、欧洲专家工作室、院校创新设计研究中心、色彩材料实验室及多个产品检测室。欧琳院士工作站被认定为第六批"浙江省院士专家工作站"。先后与德国包豪斯大学、浙江大学、中国美院等国内外院校开展合作,相继与劳斯莱斯前设计总监、曾为法拉利设计车型的意大利乔治·亚罗公司建立合作。

OULIN欧琳拥有广泛的产品品种,每种类型都已形成技术特色,在行业内拥有较高的声望,成为厨房家具业内的标杆。

1. 高端橱柜

创建最初,OULIN欧琳是从橱柜做起的,而且立志做最高端的橱柜。即使现在的OULIN欧琳已经拥有众多产品,但白手起家的本行并未放弃,而且越做越大,越做越响。

2. 精工水槽

OULIN欧琳是最早将水槽的理念引入中国的,经过多年的发展,其水槽制造技术日渐高端，产品类型愈加丰富多彩，涌现净水水槽、净洗水槽、不锈钢单槽、不锈钢双槽、高端水槽等产品，满足了用户的不同需求。

3. 智能厨电

智能厨电最能体现OULIN欧琳的技术特色，利用自身形成的技术手段，先后研发出吸油烟机、集成灶、消毒柜、洗碗机、微蒸烤等一系列厨房配套用具，形成现代厨房科技理念。

4. 健康净水

OULIN欧琳以"成为高端健康生活方式实现者"为愿景，努力为全球消费者创造高端健康生活产品。OULIN欧琳提倡健康的饮水习惯与饮水品质，为用户先后打造出净水机、纯水机、软水机、中央净水机。

5. 其他产品

OULIN欧琳还拓展了经典衣柜、卫浴五金和食物垃圾处理器，尝试从厨房健康延伸到家庭其他领域，成为家庭健康生活的实现者，为广大用户提供一个更有品质的家园（见图2-7）。

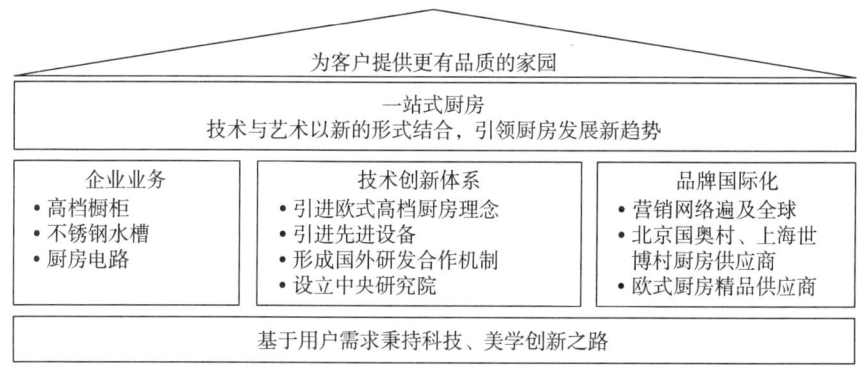

图2-7　OULIN欧琳的战略

OULIN欧琳的发展得到各界的肯定与赞扬，利用其独特的技术支持、经营理念和丰富的产品线，2015年以来，OULIN欧琳先后获得"中国企业营销创新奖"、"红顶奖"、"中国设计智造大奖"、"大雁奖"、"德国红点奖"等荣誉。

（五）重要发展事件

图 2-8 列举了 OULIN 欧琳自建立以来发展至今的关键事件，每一件都体现了 OULIN 欧琳逐渐成长的过程。

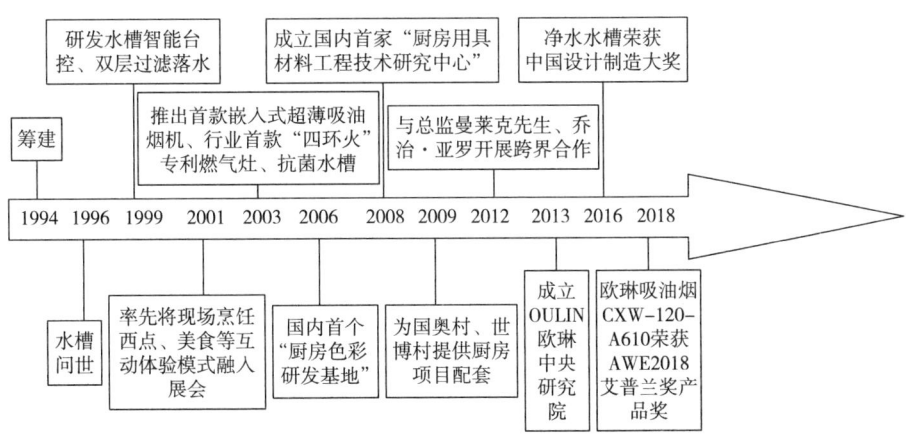

图 2-8　OULIN 欧琳发展关键事件

三、OULIN 欧琳创新网络发展历程

OULIN 欧琳创新网络发展历程可以分为本地化发展、超本地化发展和全球化发展三个阶段，发展历程如图 2-9 所示。

（一）本地化发展：基于生产方式嵌入全球生产网络（1994～1999 年）

这个阶段的 OULIN 欧琳处于起步阶段，是国内最早进军厨具行业的厨具企业之一，很快成为国内专业设计力量最强、厨具产品线最丰富的厨具企业。自 1994 年筹建以来，OULIN 欧琳坚持将欧式、高端的入厨理念引入国内，开始将国外领先企业的先进设备与技术引进吸收。创立之初 OULIN 欧琳借势德国在精品制造领域的不俗表现及其作为现代厨房发祥地的深厚底蕴，引进高精设备，保障产品工艺和品质。同时，受改革开放的影响，面对廉价劳动力、广阔市场及政府政策的诱惑与刺激，一些海外领先企业开始同 OULIN 欧琳进行生产合作，将某些生产业务外包给 OULIN

企业创新网络案例研究：全球制造背景

欧琳，同时提供技术上的指导，OULIN 欧琳以此为契机，积极学习接纳海外独特的技术理念，这有利于 OULIN 欧琳慢慢积累生产能力。

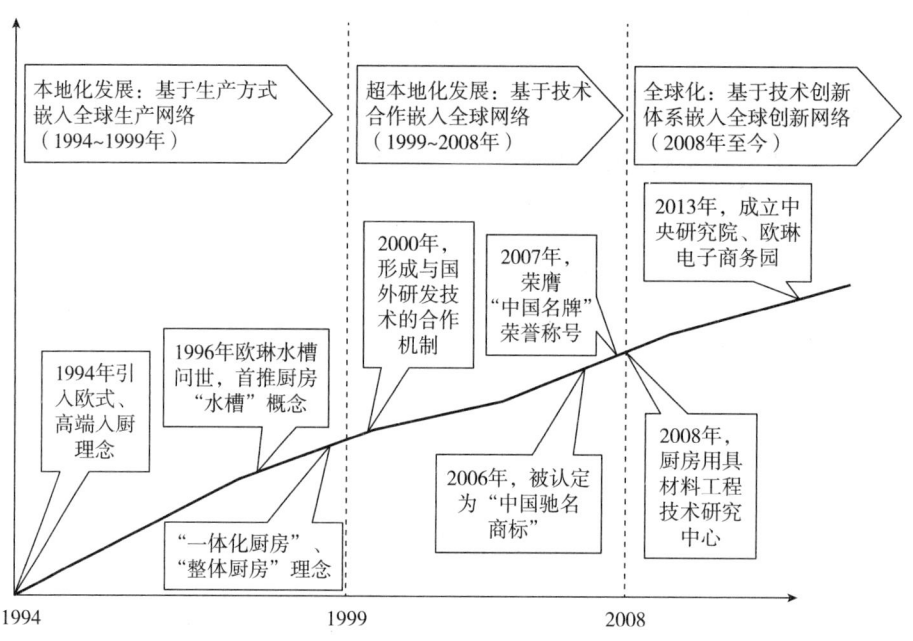

图 2-9　OULIN 欧琳创新网络发展历程

在市场推广过程中，OULIN 欧琳发现随着人们生活水平的提升，对厨房厨具有了新的要求。而 1995 年生产的 OULIN 厨房设备不具有清洗的功能，面对这一问题，OULIN 欧琳开始与国外专家合作研发适合国内需求的厨房清洗厨具，很快 1996 年 OULIN 欧琳水槽问世，首推厨房"水槽"这一概念，极大地便利了人们的生活需求。1997 年，首次原装引进欧式厨房，成为欧式厨房在国内的重要销售与生产合作伙伴。1998 年，将一体化厨房、整体厨房理念带入中国人的家庭中，实现了厨房的变革。

（二）超本地化发展：基于技术合作嵌入全球网络（1999～2008 年）

在原有厨具设备的制造基础上，OULIN 欧琳厨具不断拓展产品线，形成高档橱柜、不锈钢水槽、厨房电器等产品。为了满足企业产品线扩展的需求，这一阶段，OULIN欧琳开始拓展创新网络，通过合作研发的方式寻求多边（企业、高等院校及研发机构等）合作。2000年，分批引进欧洲专家，为企业的厨电研发作指导，形成与国外研发技术的合作机制。除了与海外企业加强技术合作外，OULIN欧琳还同国内家具企业建立交流与沟通机制，形成技术联盟。与国内外科研院校进行技术合作交流，提升厨具产品的创新能力，为厨房向科学化、艺术化发展奠定基础。同时根据不同区域人群的生活习惯，OULIN欧琳致力于将厨房生活习惯和厨房设计理念相融合，实现技术与产品的完美融合。在这一阶段，OULIN欧琳不断加大研发力度并且取得了一系列的成果。2006年，OULIN被认定为"中国驰名商标"；2007年，OULIN橱柜荣膺"中国名牌"荣誉称号等。

（三）全球化：基于技术创新体系嵌入全球创新网络（2008年至今）

2008年受金融危机的影响，一些大型企业的发展受到冲击，而此时OULIN欧琳抓住机遇，寻求与国际领先企业的技术合作。OULIN欧琳逐步规划海外研发网点，不断提升系统设计能力。2008年，OULIN欧琳成立国内首家厨房用具材料工程技术研究中心，研究中心为OULIN欧琳对接国内外合作提供了平台保障，能够长久同国内外科研院校进行技术合作交流，获取和开发最前沿的厨具技术。2009年，OULIN欧琳抓住发展机遇，为国奥村、世博村提供厨房项目配套设施，紧接着OULIN欧琳成为上海世博会厨具项目赞助商，在提升发展潜力的同时，也增强了企业的国际影响力，形成良好的品牌效应。2011年，OULIN欧琳智能化厨具工厂启用，企业正式迈进智能化生产阶段，生产能力大幅度提升，降低了企业生产成本，提高了企业盈利能力。同时，企业在2012年与世界知名设计师曼莱克和意大利著名设计公司乔治·亚罗开展跨界技术合作，与国际先进技术实现进一步的摩擦，提升了企业技术发展水平。2013年，OULIN欧琳成立中央研究院、欧琳电子商务园，启动OULIN欧琳工业旅游。由此，OULIN欧琳建立起以中央研究院为核心、以国内外研究高校和研发中心为辅助支撑的创新体系，形成技术联盟，逐步形成全球化的多点式研发格局，保障高端技术的引入，实现及时响应全球市场需求，带动OULIN欧琳全球化布局。

四、OULIN 欧琳案例分析

（一）OULIN 欧琳创新网络特征

由案例可以发现，OULIN 欧琳通过从最初的生产合作到企业间的技术合作，最后形成技术创新体系。在这三个演变阶段过程中，OULIN 欧琳的技术手段逐渐丰富，合作类型不一。OULIN 欧琳的创新网络演化过程特征如表 2-7 所示。

表 2-7 OULIN 欧琳创新网络演化特征

阶段 \ 特征	结构维度			关系维度		
	网络位置	网络规模	成员类型	网络强度	嵌入方式	节点关系
本地化	边缘	小	小企业	弱	生产合作	离散
超本地化	靠近中心	较大	小企业为主	较弱	技术合作	平等
全球化	中心化	大	大中小企业、科研机构、高等院校等	强	技术创新体系	共生

1. 本地化发展阶段

这个阶段受起步晚的影响，OULIN 欧琳在研发能力方面较弱，依靠引进吸收生产方面的海外技术，是海外领先企业开拓国内市场的合作伙伴，以海外生产代理商的形式存在。本阶段 OULIN 欧琳呈现以下的特征：①就结构维度来看，OULIN 欧琳主要侧重橱柜的生产，其他领域的产品虽有涉及，但较少，处于网络的边缘位置。企业处于起步阶段，主要关注生产制造能力的提升，还没有取得技术领先的生产能力，合作企业数量少，网络规模受到限制，较小。合作企业多为小型生产企业，合作的内容主要是生产代理，类型单一。②就关系维度角度来看，主要集聚于生产能力的提升，通过生产合作的方式介入创新网络。同时，通过引进设备与技术的方式学习领先企业，仅仅与少量的企业有技术合作，即使有合作关系，一旦合作完成再无更多沟通，其网络间的强度偏弱，与各节点处的企业关系疏远、离散。

2. 超本地化发展阶段

在这一阶段，OULIN 欧琳不断加大研发力度并且取得了一系列的成果。在原有厨具设备的基础上，OULIN 欧琳开始不断开拓产品线，形成高档橱柜、不锈钢水槽、厨房电器等产品，知识基宽度不断提升。在技术研发方面，OULIN 欧琳通过技术合作的方式提升了自身的研发能力，知识基深度同样不断提升。为了进入新的技术领域，OULIN 欧琳与国内外大型知名企业进行了技术合作，创新网络的知识质量得到提高，创新合作线不断密集，企业间的合作内容也从单一合作过渡到多项合作，知识异质性虽有提高，但还处于中等水平。该阶段 OULIN 欧琳创新网络呈现以下特征：①从结构维度角度来看，OULIN 欧琳通过技术合作，逐渐形成自己的技术特色，不断向创新网络的中心位置靠拢。不仅与大型知名企业进行技术合作，还初步同高等院校、研发机构建立技术研发合作关系，成员类型丰富化，网络规模也不断增大。②从关系维度角度来看，OULIN 欧琳合作对象开始扩展，合作也不再仅仅局限于生产，主要是通过与外部的技术合作方式实现创新进步，各节点企业间互惠互利，地位平等，但各方合作还不成体系，合作机制较为松散，网络强度还较低，有待提升。

3. 全球化阶段

本阶段，OULIN 欧琳产品多样，形成高端橱柜、智能厨电、精工水槽、健康净水器、时尚衣柜、浴室柜等产品线，知识基宽度不断提升。通过多年的研发创新，OULIN 欧琳已经成为了家具制造业技术领先者，其知识基深度达到了中等水平以上。成立多所研究机构，不断与国内外研发机构进行长期合作，知识异质性得到进一步提升。该阶段 OULIN 欧琳的创新网络呈现以下特征：①从结构维度角度来看，OULIN 欧琳产品线得到前所未有的提升，与不同类型和规模企业都建立合作联盟，同时，公司与国内外高等院校及研发机构的合作机制已经建立起来，且逐渐形成创新体系，合作成员明显增多，网络规模明显扩大。技术合作的成果大多用于企业产品更新换代，以满足用户需求，此时处于多方合作机制中的中心位置，网络位置中心化。②从关系维度角度来看，各节点企业和技术研发机构、高等院校等形成利益共同体，互惠互利的关系较为明显，节点处于共生的关系，企业以建立技术创新体系的方式嵌入创新网络，以寻求更为便利的合作途径，而且各企业间的合作内容丰富多样，既包括生产合作，又包括技术交流，网络强度很强。

（二）OULIN 欧琳创新网络演化过程

通过案例分析可以发现，OULIN 欧琳的创新网络演化也经历了本地化发展、超本地化发展和全球化发展三个阶段，在创新网络演变过程中进行了不同的演化机制，获取了不同的创新能力，最终构建起与不同企业之间的创新网络（见图 2-10）。

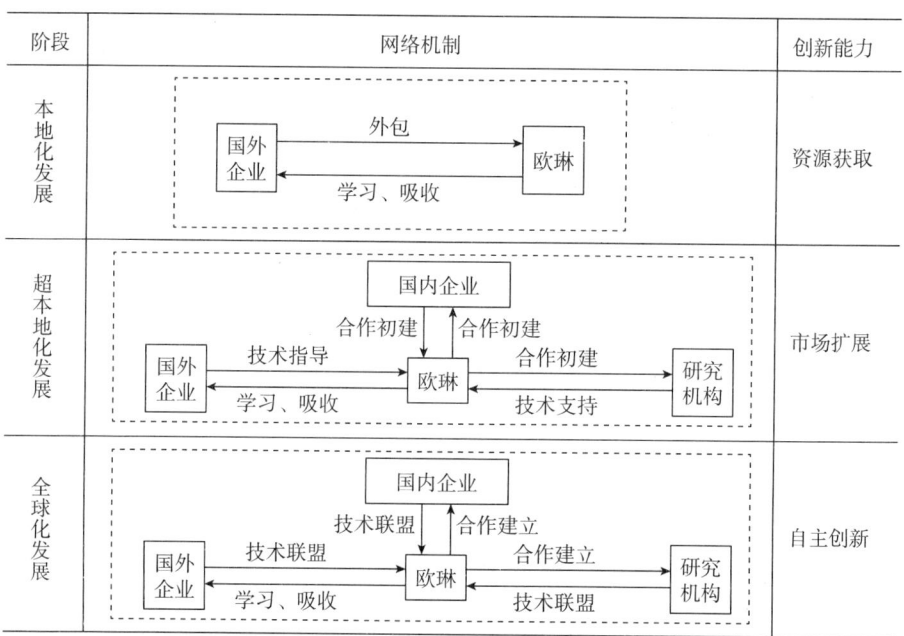

图 2-10　OULIN 欧琳创新网络演化过程

1. 本地化发展阶段

面对国内廉价劳动成本与广阔市场前景，OULIN 欧琳获得国外外包业务，既解决了企业在初创阶段的生存问题，又得到了良好的机会，可学习外部企业的先进技术。基于此，OULIN欧琳一方面积极学习德国厨房理念，并将其引进国内传统家庭厨房，引起国内厨房理念的变革；另一方面，利用海外技术弥补国内市场技术的空缺，生产制造和销售适合国内家庭观念的厨房水槽，并获得成功。由此，OULIN欧琳与国外企业建立起以生产合作为基础的初步网络形态，OULIN欧琳在这一网络中可以获得利于企业规模扩张的关键性知识资源，为后续发展奠定重要基础。

2. 超本地化发展阶段

长期与海外技术型企业合作过程让OULIN欧琳认识到技术对企业发展的重要性。此阶段，OULIN欧琳将合作对象延伸至国内外企业、科研院所、高等院校等，引进国外先进管理经验与技术；与高等院校、科研院所达成技术联盟，实现产学研合作；与国内企业进行生产合作。由此，OULIN欧琳建立起以技术合作为核心的创新网络新形态，OULIN欧琳在这一网络中获得在行业中发展的关键技术，拓展了产品线，提升了技术创新水平，实现对家具市场的扩充。

3. 全球化发展阶段

OULIN欧琳布局海外研发网点，进一步加强与国内外企业、科研院所、高等院校等的合作，致力成为家具制造业技术领先者，拥有自主创新的能力。基于此，OULIN欧琳达成与外部企业、高等院校、科研院所等各节点组织的技术联盟，形成围绕以OULIN欧琳为核心的技术创新网络。在这一网络中，OULIN欧琳构建起技术创新体系，产品进入国际市场，形成企业自主创新的能力。

五、结论与启示

（一）研究结论

OULIN欧琳已经成为家具制造行业的领先企业，构建了以提升企业自主创新能力为目标的技术创新网络，其发展与完善的过程具有一定的行业代表性。通过对OULIN欧琳的案例分析，我们可以得出以下结论：

1. 企业创新网络的过程是动态演化的

通过对OULIN欧琳案例阶段分析，发现企业创新网络大致经历了本地化发展—超本地化发展—全球化发展三阶段发展过程，在不同企业创新网络演化过程中，企业合作对象、技术合作内容和所能获取的创新能力有所不同。具体来说，企业在第一阶段即本地化发展阶段，合作对象有限，合作内容以生产合作为主，所能获得的创新能力为资源获取。在第二阶段即超本地化发展阶段，企业将合作对象延伸至拥有关键技术的组织，合作内容也拓展到技术合作，以适应市场对技术的要求，进而获得市场扩张的基础。在第三阶段即全球化发展阶段，企业合作延伸至国内外拥有最先进技术的节点组织，为企业构建技术创新体系，形成自主创新能力。

2. 企业创新网络不同阶段企业与节点组织进行的交流方式不同

企业创新网络由创建逐渐向完善成熟演化，由低级向高级转变，为了适应企业创新网络发展演化规律，企业和节点组织会采取不同的交流方式，实现资源在双方之间的流动，最终形成能够共享资源、利益的技术创新联盟。

(二) 管理启示

OULIN 欧琳已经形成能够产生自主创新能力的创新网络，推动企业成为行业标兵，其发展过程值得中国其他制造企业深思，从中我们可以得出以下管理启示：

1. 识别机会，快速发展

企业发展机会对于企业来说具有偶然性，良好的机会可以达到事半功倍的效果。企业在巩固企业发展根基的同时，也要关注行业发展机会，避免出现"两耳不闻窗外事，一心只读圣贤书"的短浅目光。正是因为抓住两次发展良机（改革开放、世博会与奥运会），才使得 OULIN 欧琳可以迅速获得先进家具制造技术和市场进入机会。

2. 技术是企业发展的正确方向，核心技术是企业发展的强劲动力

自主研发对于企业成长至关重要，只有掌握核心技术才能使得企业在行业中起到引领的作用。一直以来，OULIN 欧琳坚持技术创新能力的培养，从最初德国厨房理念的引进到建立多边技术合作再到海外研发网点，都推动着 OULIN 欧琳建设能够推动企业自主创新能力的创新网络，由此使企业实现全球布局。

第三章
技术创新

第一节 技术创新理论概述

随着经济全球化和企业国际化进程的不断深化,技术创新已成为企业在全球市场上创造和维持竞争优势的重要动力(Rybadze & Reger, 1999)。为了能在激烈的竞争格局中占据重要位置,发达国家的企业不再满足于只将企业生产、制造或者销售环节向全球市场转移,而是率先将身处企业价值链上游环节的企业技术研发等活动向海外转移,最大限度地利用企业自身的技术优势和东道国的先进科技资源(Kuemmerle, 1999),通过在全球范围内最有效地配置和寻求研发资源开展技术创新国际化。与此同时,以中国、印度、新加坡为代表的新兴经济体的后发跨国企业,为了实现追赶发达国家跨国企业的战略目标,也纷纷将技术创新国际化作为"跳板"战略(吴先明等,2018),从海外获取能提升它们创新能力的先进技术知识。

技术创新国际化是指企业通过跨国并购、直接建立国外R&D机构以及建立国际技术联盟等形式将技术创新活动扩展到国外(Rybadze & Reger, 1999),表现出创新源获取的全球性、创新人才国际化、创新组织网络化的特征。将创新活动扩展到国外，技术创新国际化不仅受企业母国环境的影响，而且更多地受东道国环境的影响，所以它面临的环境更为复杂。东道国环境因素的影响成为国际化技术创新成功与否的更关键因素（景劲松等，2004）。所以企业在利用技术手段进入国际市场时会充分考虑东道国的环境问题。跨国公司是技术创新国际化的主要推动者，跨国公司的技术创新国际化发展经历了一个生产经营国际化—市场支持型技术创新国际化—资源寻求型、技术学习型技术创新国际化—技术能力创造全球化的发展历程（陈劲和朱朝晖，2003）。

企业利用技术手段进入国际市场是实现全球化的快捷方式。跨国公司通过技术创新进入国际市场使企业在内部与外部组织之间形成了一个庞大的知识交流网络，改变了企业单一从内部获取所需技术知识的状况，从而使得企业可以更广泛地获取内部与外部的知识和信息源构建自己的技术知识结构（陈劲和景劲松，2002）。企业通过在全球进行研发活动，可以从国际市场获取丰富的、国内市场无法获得的创新资源，还可以通过与海外供应商、顾客和合作伙伴的交流合作获得更多的知识学习机会而提升其技术吸收能力和吸收效果（李梅和余天骄，2016）。

跨国公司通过技术创新进入国际市场的方式主要有两种：一是在海外建立 R&D 机构。企业建立 R&D 机构的战略动机较为复杂，主要表现为技术转移、适应海外市场和获取创新资源等（曾萍和邓腾智，2012）。在 R&D 机构的支撑下，企业在海外以技术搜索、技术学习和资源利用为出发点，利用世界科技资源进行创新，全面提高企业技术能力，推进企业生产经营的国际化。二是跨国并购海外技术先进的企业。企业之间总会存在技术差异，在获取创新资源和建立巩固海外市场的推动下，众多跨国企业在海外并购技术领先性企业，实现快速国际化，具体如图 3-1 所示。

技术创新是企业进入国际化的一种特殊手段。从技术创新的过程来看，企业技术创新模式包括开放式创新、封闭式创新、破坏性创新和模仿式创新等（董洁林和李晶，2013）。从动态角度来看，企业网络的强弱关系与技术创新模式之间呈现协同演化的特征，关系强度的动态变化会影响技术创新模式，企业选择不同的技术创新模式也需要网络关系强度进行相应的转变（蔡宁和潘松挺，2008）。

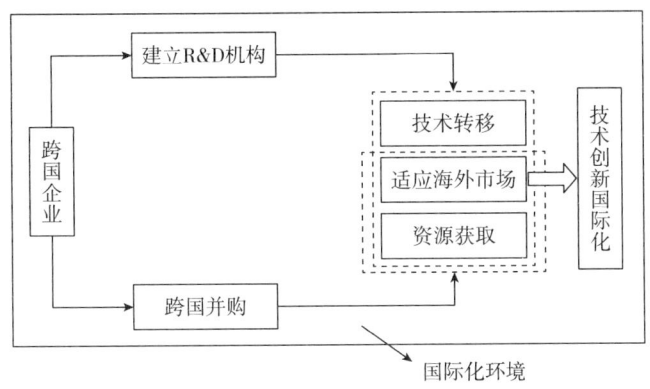

图3-1 企业技术创新国际化的方式

从企业技术能力的演进和提升来看，技术创新则可以分为模仿式创新、合作式创新和自主式创新三种形式（陈勇星等，2012）。模仿式创新是指企业在获得外部技术资源后仍需要投入大量的内部资源对原有技术进行创造性的改进或者重新设计，在引进消化的基础上进行二次跟进式创新（姚琼等，2015）。在合作式创新中，企业的技术知识和技术能力大部分来源于企业外部，企业自身的技术资源投入较少，在互补的前提下进行技术探索或延伸（吴绍棠和李燕萍，2014）。而自主式创新需要的技术和资源更多来源于企业内部，对企业的内部资源整合要求较高，形成的创新成果对外部产生变革性的影响，属于独立性研发（黄兴等，2011）。三种技术创新模式的比较如表3-1所示。

表3-1 三种技术创新模式比较

	模仿式创新	合作式创新	自主式创新
创新手段	跟进模仿	互补前提下的技术探索或延伸	独立研发

续表

	模仿式创新	合作式创新	自主式创新
创新目的	实现二次创新，取得后发优势	获取互补资源，迅速取得创新成果	获取核心技术及其知识产权
技术资源来源	外来性	外来性	内生性

第二节 海尔集团案例分析

一、家电行业发展现状

家电行业伴随房地产而发展，随着人们生活水平的提升，家电行业得到快速发展，成为促进国民经济可持续发展的中坚力量。虽然家电下乡、以旧换新等政策减弱了，但城乡家电市场的消费潜力仍得到了释放，促使行业得到优化（许春佩，2015）。

我国家电行业经过了近40年的发展，涌现了一批优秀的企业，如海尔、美的、长虹、格力等。随着中国家电企业的发展壮大，日本家电在全球市场上的竞争力在不断削弱。自2013年后，日本白色家电出货额逐年降低，而中国白色家电产量却逐年增加。2017年以来，我国家电行业保持良好态势，年均收入达1.51万亿元以上，利润总额约为1169亿元。但利润增长速度慢于收入增长速度，一个重要的原因在于自2016年以来，我国家电制造原材料价格不断上涨，家电企业获利空间受到一定的压缩。据统计，中国的空调、冰箱、洗衣机三大白色家电全球生产额达到了76%、52%和37%，可见，中国家电企业在全球中的地位是举足轻重的（徐文兰，2017）。

近年来，中国家电行业的品牌集中度不断加强，尤其是民族品牌在全球市场上取得压倒性的胜利。2016年，中国家电企业掀起了并购热潮，纷纷占领国外市场（鲁建国，2017），同时行业盈利从以中低端产品为主的盈利模式向高端产品竞争转变，从低性能高费能的产品向高性能低费能的产品转变，充分展现了国内家电行业发展的实力。

面对经济全球化趋势，中国家电在20世纪末21世纪初开始寻求国际市场，初期大部分家电企业采用贴牌的方式进入国际市场，后期开始在国际上创造属于自己的品牌，总体上经历了OEM模式（即贴牌模式）、海外并购和品牌创造的国际化之路，使得中国家电在国际市场上占有重要的地位，特别是近10年来，中国家电在海外的影响力与占有率得到快速发展。但同时，中国家电在走向世界时困难仍然十分严峻：中国大部分家电企业在国外的扩张主要依靠低廉的价格，没有形成对市场的认知，出口产品的质量良莠不齐，订量容易受国外客户的限制。以这种低价格、低质量的方式进入国际市场极易引起竞争对手的反倾销诉讼，低质产品对中国制造造成不利的影响，甚至拖累中国在国际上的整体地位。

2017年，国内家电明显呈现七大趋势：零售渠道加速融合，线上线下模式嵌入家电市场；产品升级的同时伴随着成本的上升；家电健康概念不断深化，净化类用器备受欢迎；智能转型加速，逐渐形成一套研发、生产、销售及售后服务为一体的智能生态系统；服务关注点加深，转向产业链上游发展；智能家居生态圈成为主流；厨卫、生活电器继续推动行业发展（侯婷婷，2018）。

二、海尔集团简介

海尔集团成立于1984年，经过多年的发展，已经成为了全球大型家电第一品牌，产品与研发覆盖全球，从最初冰箱的单一生产，延伸到现在的家电、通信、物流、房地产、生物制药等产品群。成立以来，海尔集团在客户型创新驱动体系的作用下获得高速发展，促使其从一家小企业快速成长为一家全球性的家电制造厂商。为了加强管理，海尔集团打造了用户驱动的虚实网，其中，实网包括物流网、服务网和营销网，覆盖了全国大部分城市社区和农村市场，在全国建立起7600家县级专卖店、2.6万个乡

企业创新网络案例研究：全球制造背景

镇专卖店和 19 万个村级联络站，保证农民可以随时购买到满意的家用电器；海尔集团还在全国建立了 90 余个物流配送中心和 2000 个二级配送中心，以保证 24 小时内产品能及时配送到县、48 小时内能及时配送到乡镇，实现急需急送。

目前，海尔集团寻求发展新思路，希望由传统家电制造模式转变为互联网型企业，实现各方共赢，以得到可持续发展能力。海尔集团的转型是基于对人单合一模式的探索而展开的，人单合一模式的创新探索因破解了互联网时代的管理难题，也得到了全球著名商学院和管理学者的肯定。经过 30 多年的艰苦奋斗与卓越创新，海尔集团实现了多元业务种类的完美跨越，形成 36 种业务门类、15100 个产品种群，产品出口全球 160 多个国家与地区，已经是中国的驰名商标，自 2016 年以来海尔集团的年营业额达到 2000 亿元以上[①]。

海尔集团将"你的生活智慧，我的智慧生活"作为公司口号，期望为客户提供高性能产品与服务。自成立以来，海尔集团坚持以用户需求为中心的创新体系驱动企业持续健康发展，坚持以满足顾客需求为出发点和落脚点，为公司赢来了良好的企业形象与品牌效应。近年来，海尔集团不断开拓新产品，形成以冰箱为中心的产品群，实现了海尔品牌延伸效应（王颖，2012）。

海尔集团的核心文化是创新，目标是创中国的世界名牌，为民族争光。海尔集团在几十年的发展历程中逐渐形成自身的特色文化体系，始终坚持理念创新、技术创新、市场创新、组织创新，推动着海尔集团由弱变强，成为国家的骄傲企业。目前，海尔集团从制造产品转型为制造创客平台，青岛海尔和海尔电器这两个平台汇聚了大量的创客及创业小微。海尔集团的品牌包括海尔、统帅、卡萨帝、亚科雅和斐雪派克，每一个旗下品牌都是海尔进行品牌延伸的典范。

技术创新体系始终是海尔的一大特色，形成线上与线下交织的创新体

---

① 资料来源：海尔集团官网，http://www.haier.net/cn/。

系。线下以全球五大研发中心为支撑：海尔集团在中国、日本、欧洲、美国、澳大利亚建立了五大研发中心，形成海尔集团和内部人才与全球120多万名科学家及工程师的对接合作。五大研发中心拥有全球最为先进的研发实力：拥有全球最大的产品测试与用户体验中心、全球覆盖面最全的联合实验室、行业最具影响力的创新创业基地等。线上构建独特的开放式创新平台HOPE：HOPE平台打破用户与资源之间的间隔，是亚洲最大的创新资源配置平台，该平台的目标在于同全球合作伙伴进行知识、资源共享，打造全球创新开放社区，该平台拥有美食生态圈、洗护生态圈、健康生态圈、空气生态圈、用水生态圈等，拥有麻省理工学院、斯坦福大学等顶尖大学，拥有中国科学院等创新研发机构。

海尔集团在成立后坚持以"真诚到永远"作为公司的服务理念，坚持高质量、高品质的诚信承诺，十分重视质量意识，例如，1985年的"砸冰箱"事件，以及20世纪90年代，在看到一位海尔用户丢失空调的报道后，推出了"送装一体"的星级服务等，很好地表明了海尔集团对产品质量的重视和对顾客负责的态度，这种先卖信誉后卖产品的服务理念赢得了业内同行和客户的赞扬。另外，海尔集团还注重在服务上的创新，借助互联网的便捷性，为用户提供随叫随到的服务，主动捕捉服务终端的缺陷，不断改善产品服务质量[①]。

1984年创业至今，海尔集团得到了空前的发展，其独特的战略管理起到了重大的作用。海尔集团将自己的战略发展分为五个阶段：品牌战略发展阶段、多元化战略发展阶段、国际化战略发展阶段、全球化品牌战略发展阶段和网络化战略阶段（见表3-2）。

表3-2　海尔集团的战略管理

战略发展阶段	典型事件
品牌战略发展阶段 （1984~1991年）	● 1984年，与德国利勃海尔公司签约引进亚洲第一条四星级电冰箱生产线 ● 1991年，在青岛建立计算化的服务中心

---

① 海尔服务创新赢得用户［N］．中华工商时报，2004-09-22．

续表

战略发展阶段	典型事件
多元化战略发展阶段（1991~1998年）	• 以"海尔文化激活休克鱼"思路先后兼并了国内18家企业 • 实行 OEC（Overall Every Control and Clear）管理法 • 1998年，哈佛大学把"海尔文化激活休克鱼"写入教学案例，邀请张瑞敏参加案例的研讨。张瑞敏成为第一个登上哈佛讲坛的中国企业家
国际化战略发展阶段（1998~2005年）	• 提出"走出去，走进去，走上去"的"三步走"战略 • 推行"市场链"管理 • 在美国纽约建立海尔大厦，成为纽约的标志性建筑
全球化品牌战略发展阶段（2005~2012年）	• 即需即供模式 • 人单合一模式
网络化战略发展阶段（2012年至今）	• 继续探索人单合一模式 • 探索互联网时代的平台型企业

三、海尔集团创新网络发展历程

海尔集团主要关键事件如图3-2所示。

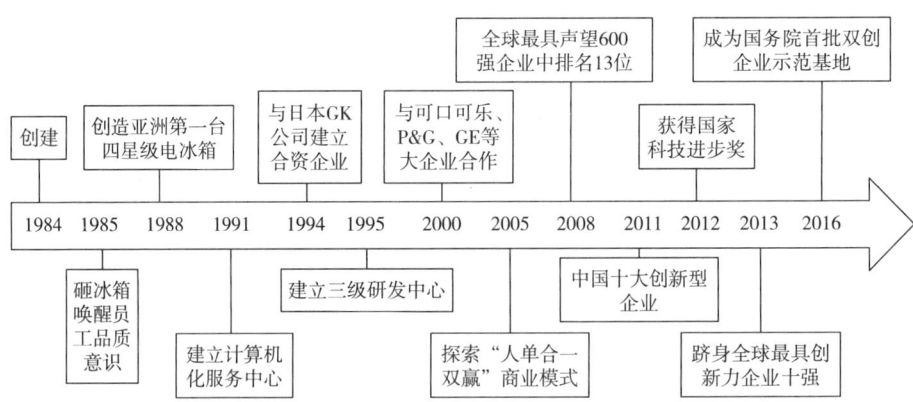

图3-2 海尔集团发展历程中的关键事件

资料来源：根据企业官网数据整理。

(一) 模仿阶段: 网络组建 (1984~1991 年)

海尔集团在成立后沐浴改革开放的春风, 开始寻求属于自己的品牌, 引进国外先进技术设备和管理理念, 并对国外冰箱技术进行创新改进, 使之成为自己的技术。1984 年 10 月, 青岛冰箱总厂和德国利勃海尔公司签约引进当时亚洲第一条四星级冰箱生产线, 日生产量得到明显提升, 依靠该生产线生产的琴岛—利勃海尔冰箱以高质量、高技术赢得市场, 市场份额很快便超过了国内同行业厂家, 这也是海尔集团与外部企业进行成功合作的良好开端。1988 年, 学习德国利勃海尔公司的技术, 模仿创造了亚洲第一台四星级电冰箱, 并以此获得中国冰箱业的第一块金牌"国家优质金奖", 成为行业中的佼佼者。

当时张瑞敏认为国内冰箱品种繁多, 形成市场激烈竞争的局面, 而产品质量却普遍不高, 由此张瑞敏提出了"起步晚、起点高"的质量原则与发展战略。与其他家电商不同, 海尔集团并不盲目注重产量, 而是严抓质量, 专心做冰箱, 并且专心做高质量的冰箱。典型的事件是 1985 年的"砸冰箱"事件, 从那以后, 很少会听见有人说海尔冰箱质量有问题。由此在 1987 年, 48 家大型商场推举海尔为最受欢迎的产品冰箱类第一名。

除了追求产品的高质量, 海尔集团还希望在服务质量上有所突破, 以获得消费群体的长期支持。1991 年, 开始在青岛建立计算机化的服务中心, 以实时跟踪顾客的消费情况, 为顾客反馈意见提供技术平台基础。在青岛服务中心的成功实验后, 海尔将这一依靠计算机技术的服务平台推广到各地的销售基地, 建立与经销商、顾客信息的实时跟进联系。

历时 7 年, 海尔集团在管理、技术、人才等方面进行转变, 从懵懵懂懂的小微蜕变为有发展前景的实力企业。但是海尔集团同海外企业的合作主要局限于生产制造方面, 寻求在国际市场中的低成本制造资源, 选择模仿国外成熟技术进行技术的微改造、微创新, 同时对技术和质量进行两手抓。

(二) 合作阶段: 网络延伸 (1991~1998 年)

第一阶段的技术尝试让海尔集团尝到了技术成果的甜头, 并开始在研发体系和营销模式上进行大规模的创新发展。

在此阶段，海尔集团建立国内与国外、内部与外部的技术研发体系。一方面，借助发达国家的技术优势，在海外建立技术研发部门，以实现对国际最新技术的把握与运用，如通过在日本与德国建立研究中心，引进了国际最先进的模具及加工设备，通过不断学习与改进，最终自主研发出当时国际领先的大型激光高速成型系统。1994年，与国际知名设计公司日本GK合资成立青岛海高工业设计有限公司，使海尔技术达到前所未有的进步。海尔集团还十分注重与国内外一流大学、研究所进行技术合作，先后在清华大学、上海交通大学、中国科学技术大学等设立技术工作站，与世界上多所研究实验室进行技术交流与合作，如与美国环境保护局、中国环境保护局合作进行的氟利昂替代研究，解决了世界冷冻技术的难题。另一方面，当时国家政策鼓励企业兼并重组，受这一政策机遇的影响，海尔集团创造性地形成"海尔文化激活休克鱼"的扩张发展思路，先后兼并了18家国内家电企业，不断扩大了其规模与经营范围。1995年，成立三级研发体系的技术开发中心：首先，由集团总部掌握核心技术开发，把握技术开发的大致方向，为下级研发提供必要的资源支持，并为下级事业部和工厂技术开发提供必要的产品信息；其次，事业部的技术研发偏向于具体细分市场的需求并能够及时开发满足市场需求的产品；最后，工厂即成本中心的技术开发侧重节省原材料和降低生产成本。这样，就形成了多方位的研发体系，保障了海尔集团发展的后劲。

1996年，海尔集团是行业内首个在全国建立24小时服务网点和顾客反映诉求服务平台的家电企业，能够为快速适应市场变化提供技术后援，同时，海尔集团通过搭建海尔官方网站来树立与宣扬企业形象，获取消费者的信息。在营销模式上，创造了集权式直供分销模式，辅之特许经营等形式（一级城市设立工贸公司，二级城市设立营销中心，三级城市设立专卖店），较好地形成销售渠道。依靠网络形态的营销体系，海尔集团建立起与顾客和经销商的联系，能够及时获取市场信息，拥有了对特定市场的适应能力。

(三) 自主阶段：网络交织 (1998 年至今)

中国加入 WTO 为众多企业发展带来了新的契机，海尔集团受这一时代机遇的影响，开始将市场目光转向国外。海尔集团在海外创造自己的品牌，提出"走出去，走进去，走上去"的品牌战略，主张先在发达国家打响品牌，然后以良好的品牌效应向发展中国家进军，形成集设计、制造、营销为一体的国际化发展战略。

1998 年，海尔集团开始在海外选择重点市场设立营销中心和发展专营商以构建自主的营销能力。在其他企业选择首先打开亚洲等发展中国家的市场，然后进军到欧美等发达国家的情况下，另辟蹊径，形成"先难后易"的营销意识，即先集中精力打开发达国家市场，然后有选择性地开拓发展中国家市场。海尔集团与跨国企业合作建立销售和服务网络，其间与美国家电企业合作，建立了海尔美国贸易公司，旨在建立发达国家市场的营销中心，为了进入市场，与西尔斯、沃尔玛、百思买等美国零售商建立长期营销合作伙伴关系。海尔集团还与德国 INTEC、意大利 COPEA、法国 CONFROMA 等欧洲大型连锁店形成销售合作关系，以撬开欧洲市场的大门。另外，同日本三洋达成盟友关系，在共享资源的基础上，利用三洋的销售渠道进入日本市场。到 2017 年，海尔集团在全球总计有十大研发中心、21 个工业园、66 个贸易公司、143330 个销售网点，用户遍布全球 100 多个国家和地区。

2000 年，海尔集团正式加入世界设计组织，主动与世界一流企业如可口可乐、P&G、GE 等公司进行更深层次的技术合作，其设计能力达到国际领先水平。同时，海尔集团进一步在发达国家建立更多的研发设计中心，实现对国内外应用技术、产品开发及设计等方面信息的收集与分析。

20 世纪互联网的飞速发展为企业的发展提供了便利的工具。受互联网时代的影响，海尔集团颠覆传统经济模式，从"以企业为中心卖产品"转变为"以用户为中心卖服务"，即用户驱动的即需即供模式。互联网拉近了生产、销售等环节的距离，更为全球经济的一体化提供了载体。海尔集团利用互联网这一特色，整合全球研发、制造、销售资源，更利于其创造全球化产品。因此,海尔集团同全球企业加强了各类联系,不仅利用本土技术,还能在全球范围内探寻新的技术知识。在这一阶段,海尔集团同世界组织合作增多,网络集聚程度越来越高,双向互动合作和创新机制建立起来,企业创新网络间的关系强度很强。

四、海尔集团创新网络分析

(一) 海尔集团创新网络演化阶段特性

通过描述海尔集团创新网络演化的组建、延伸与交织三个阶段,不难发现,其创新网络演变的三个阶段所呈现的阶段演化特征是不同的。具体而言,体现在创新模式、网络动力、网络目标、节点关系、网络位置五个方面,具体如表3-3所示。

表3-3 海尔集团创新网络演化的阶段特性

阶段	网络组建	网络延伸	网络交织
创新模式	模仿式跟进创新	合作式延伸创新	自主式变革创新
网络成员	国内外企业、经销商、顾客等	国内外企业、高校、研发机构、顾客、经销商等	全球顶尖企业、高校、研发机构、海内外顾客、经销商等
网络目标	获取成本制造资源	获取互补性资源	构建主导技术
节点关系	双边弱关系	多边弱关系	多边强关系
网络位置	网络边缘	临界中心	网络中心

1. 创新模式

海尔集团的创新网络经历了一个由模仿式跟进创新到合作式延伸创新再到自主式变革创新的过程。在创新网络组建阶段,相对于国际领先技术,海尔集团技术明显落后。为了转变这一局面,海尔集团利用自身发展的背景,与德国利勃公司建立最初的技术合作,并成功创造亚洲第一台四星级电冰箱,但不可否认的是,海尔集团在此阶段的优势主要集中在生产制造资源方面,对国外技术采用模仿跟进,寻求在国际市场中的低成本制造资源。在网络延伸阶段,海尔形成集团研发和营销两大创新体系,建立海内外双边或者多边的联系，将合作网络不仅延伸至全国各地，建立营销网络，还积极渗透到国外研发与市场，同国外节点组织进行合作式延伸创新。在创新网络交织阶段，海尔集团研发与营销体系进一步扩展到海外，建立海外研发中心与营销网络，以实现全球范围内技术的领先，这一阶段，海尔集团成为全球品牌，能够实现自主式变革创新。

2. 网络成员

构建创新网络的不同阶段，海尔集团合作对象有所不同。在网络组建阶段，其成员主要有企业、经销商和消费者等：首先与德国利勃海尔公司建立合作，引进冰箱生产线，在进行流水生产的同时，特别强调产品的质量问题，用一把"大锤"敲开了企业产品高质量的大门；利用当时最先进的计算机服务中心实现对下级经销商与顾客的信息收集，及时了解市场动态。在网络延伸阶段，其主要成员延伸至国内外企业、高校、研发机构、顾客经销商等：此阶段，从研发体系和营销系统构建两个方面扩展节点组织的数量，与美国等发达国家建立技术伙伴关系，创办海外研发部门，紧跟世界最前沿的技术；然后利用集权式直供分销模式，并辅之特许经营等形式，构建与经销商、顾客的基础联系；还主动与国内外一流大学、研究所进行技术合作，解决了全球冷冻的难题——氟利昂替代。在网络交织阶段，其成员进一步拓展到全球顶尖企业、高校、研发机构、海内外顾客、经销商等：逐渐成为世界先进技术的领跑者，可口可乐等国际大公司纷纷与之进行技术合作；用"先难后易"的思路将市场拓展到海外发达国家与发展中国家，在全球建立研发中心、工业园、贸易公司、销售网点等，其经销商或代理商、顾客遍及全球各地。

3. 网络目标

在创新网络的不同演化阶段，海尔集团的网络目标分别为获取低成本资源、获取互补性资源和构建主导技术。在网络组建阶段，以低成本制造资源为基础，建立与其他企业之间的生产网络，虽然所建立的创新网络结构相对单一且联系较弱，但促进了企业知识积累。在网络延伸阶段，经过前一阶段知识的积累，海尔集团能够构建比较完善的研发体系与营销系统,实现海外领先技术与本土技术的融合,通过与节点组织互换信息资源,进而实现获取互补性资源的目的。在网络交织阶段,经过前两个阶段资源的获取与积累,海尔集团拥有了知识产权、自主创新能力、企业声誉,积累了包括研发、声誉和文化在内的品牌类资源,自主品牌形象进一步提升,进一步完善自主研发和营销体系,拥有足够的自主式技术引领全球家电行业的发展。

4. 节点关系

海尔集团在不同阶段经历了一个由双边弱联系到多边弱联系再到多边强联系的过程。在网络组建阶段,海尔集团建立的创新网络结构相对单一且联系较弱,主要与德国利勃等领先企业、下级经销商与顾客等进行简单的技术与信息交流,关系强度较低。在网络延伸阶段,海尔集团积极构建研发与营销网络,将节点关键性的组织囊括进来,能够为迎合市场变化转变技术创新手段,但此时的技术仍然受限于生产制造资源,只是合作互换资源的对象明显增多,呈现多边弱联系。在网络交织阶段,海尔集团技术合作对象再次增多,形成能够主导行业发展的先进技术,众多企业与之建立联系,市场也进一步延伸至欧美等发达国家与亚洲等发展中国家,还积极与全球一流高校、研发所进行研发合作,呈现了多边强联系。

5. 网络位置

海尔集团在不同阶段,先后经历了一个由网络边缘、临界中心到网络中心的空间变化过程。在网络组建阶段,技术还不够成熟,为了赶上甚至超过行业发展平均水平,同利勃等领先企业合作,利用计算机服务中心构建与经销商、顾客的关联,但其关系较弱,合作次数少、合作周期短,自身更是处于网络的边缘,只能进行简单的模仿创新。在网络延伸阶段,海尔集团获得足够的低成本资源,也能够构建自主研发体系与营销网络系统,合作的成员层次逐渐分明,由技术合作边界逐渐向中心靠拢。在网络交织阶段,合作的成员不断增多,海尔集团合作对象等级较高,大多属于诸如可口可乐的国际大公司,加入世界技术组织,并在其中扮演重要的角色,距离主导行业技术的目标越来越近,日益靠近网络中心。

(二) 海尔集团创新网络演化过程

海尔集团的创新网络可以划分为网络组建、网络延伸和网络交织三个阶段，具体可以分为网络成员、网络模式和网络目标三个维度，各个维度根据所处阶段的不同而相互作用、共同演进，具体如图3-3所示。

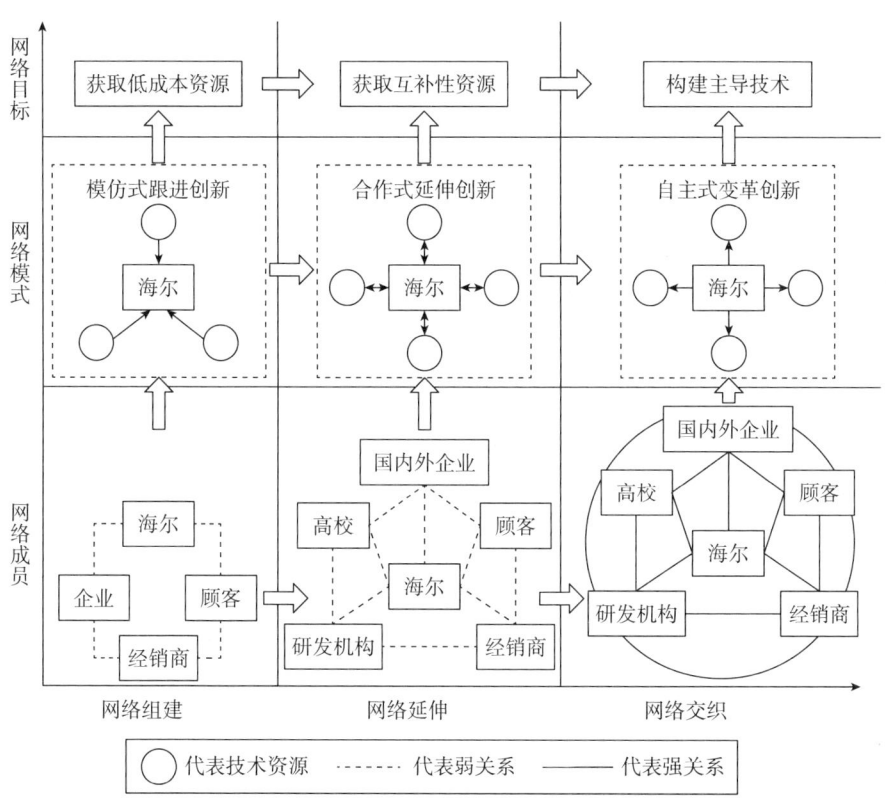

图3-3 海尔集团创新网络演化过程

1. 网络组建阶段

海尔集团的网络成员包括国内企业、顾客与经销商等，通过与德国利勃集团的合作，引进设备，通过计算机服务中心将顾客及经销商与企业的发展联系起来，起到及时更新市场信息的作用，这样就形成海尔集团、企业、经销商与顾客的联系。同时，为了在市场中获取低成本的资源，利用与企业的联系对其先进技术进行模仿创新，以便吸收消化成为自主性技术，所以，主要进行的是模仿式跟进创新。在这一阶段，海尔集团处于创新网络探索构建时期，合作的对象较少、合作次数有限，合作的内容层次较低、关系强度较低，但为下一阶段的网络延伸奠定了重要的基础。

2. 网络延伸阶段

海尔集团创新网络线更加密集，合作的对象不断增多，主要与国内外企业、经销商、顾客、研发机构与高校等建立合作关系，呈现多边联系的态势。基于此，海尔集团加大与节点组织合作的力度，将关键的节点组织融入到海尔的研发与营销网络之中，彼此构建长期技术合作，实现合作式延伸创新，这样便可以获取各自的资源，实现资源互补、利益共享，创新网络也得到更好的延伸发展。在这一阶段，海尔集团构建以研发与营销为主题的创新网络，合作的节点组织都能够为海尔提供一定的互补性资源，逐渐变现出多边的联系。

3. 网络交织阶段

为了形成自主研发能力，主导行业先进技术，海尔集团将技术合作的范围与内容进一步延伸，海尔集团的实力在全球市场中得到认可，许多国际大公司如可口可乐等纷纷与之建立长期技术合作伙伴关系，此阶段，海尔集团建立起与全球企业、经销商、顾客、研发机构和高校等的多边强联系，利用在创新网络的中心位置，能够为其他组织提供技术支持，进而在构建创新网络的过程中形成自主研发体系，日益影响着行业发展的方向。此阶段，海尔集团逐渐在创新网络中形成自主创新能力，合作对象的实力普遍较高，合作次数频繁，合作的内容丰富化，形成多边强联系。

五、结论与启示

（一）研究结论

海尔集团已经成为中国家电行业的领军型企业，其自主创新能力处于行业领先水平，构建了一个能不断为企业进步提供技术支持的创新网络，从中我们得出以下结论：

（1）企业知识学习经历了模仿—合作—自主的过程，对应的创新网络的形态经历了网络组建—网络延伸—网络交织的阶段发展过程。在发展的过程中，企业由内部学习转变为向外部学习，开放的程度不断加深，企业日益国际化。

（2）企业在不同的创新网络阶段与其他节点组织合作的目标不同。海尔集团在网络组建阶段的目标在于获取低成本制造资源，以提高企业产品生产能力，形成技术基础；在网络延伸阶段的目标在于提高企业技术水平，获得网络成员间的互补资源，进而构建网络联盟；而在网络交织阶段，企业渴望形成自主创新能力，提高企业自主生产与研发水平，以构建主导技术为目标。

（3）企业在不同的创新网络阶段经历了网络成员由寡到多、合作内容由浅入深的过程。海尔集团最初出于合作便利性的需求，会寻求与周边的产业相关组织建立技术合作，随着企业发展达到一定的水平，企业开始寻求最广范围的技术合作对象，甚至"走出去"与国外相关企业和不相关企业建立技术交流机制，合作的内容涉及技术、管理经验等多方面。

（二）管理启示

随着我国经济的高速发展，传统生产制造企业无法依靠盲目规模扩张获得进步，纷纷开始寻求转型发展，如果不进行创新，企业的生产与发展将会面临巨大的障碍。通过对海尔集团的案例分析，企业可以得到以下管理启示：

1. 随着环境变化灵活地制定公司战略

企业战略包括竞争战略、营销战略、发展战略、品牌战略、融资战略、技术开发战略、人才开发战略、资源开发战略等。海尔集团从成立至今随着时代的发展先后进行了五大战略的调整，每一次调整都促使企业前进了一步，及时发现自身存在的不足，保持企业发展方向的平稳。

2. 技术扩张可以帮助企业迅速适应全球技术变化

技术扩张是企业进入国际化市场的重要方式之一，可以帮助企业迅速适应全球技术变化。海尔集团从最初的技术引进、吸收到技术扩张,助力企业成为全球顶尖的公司。对于技术处于世界顶尖的企业来说,寻求以技术扩张为主的国际化进入模式会给企业的发展带来巨大的作用。

3. 企业创新网络能够为企业技术进步带来源源不断的动力

在企业构建的创新网络内,企业能够围绕自身建立起与其他节点组织的技术合作关系,汇集各方优质资源,弥补企业资源短缺。海尔集团依靠其创新网络,形成在国际市场中的研发与营销网络,提高了海尔集团在同行业中的技术水平,成为全球大型家电第一品牌。因此,企业应该抓住并营造机会,积极与技术型企业、科研机构、高等院校等进行合作,构建有利于促进企业技术进步的创新网络。

第三节 华为技术有限公司案例分析

一、电子设备制造行业发展现状

电子设备制造行业主要为各类电子通信产品提供设计开发、原材料采购、生产制造、测试及售后服务等整体供应链解决方案。本行业的产生是全球制造产业链进行专业化、精细化分工的结果。在全球电子通信产品行业走向垂直化整合和水平分工双重趋势的过程中,品牌型实力企业逐渐把设计、营销和品牌管理作为其自身发展的核心竞争力,而将对技术要求较低的制造业务进行外包。基于此,本行业得以产生并逐渐成为国际工业制造产业链中一个重要的环节。欧洲、美洲与亚洲是电子设备制造的主要地区,三大地区电子设备制造创造的营业收入稳步上升,成为全球电子设备制造的主要基地。

随着信息技术的发展,电子设备制造业逐渐成为国民经济的重大支柱之一,因其作为高新技术产业的代表,是实现产业转型升级的战略性产业,不断受到国家战略支持,现阶段处于一个快速发展的时期。我国电子设备制造企业中代表性的企业有华为技术有限公司、中兴通讯股份有限公司、联想集团等。

电子设备制造需要投入大量的研发资金和技术,属于资本、技术密集型产业,研发成功的产品蕴含着巨大的经济价值,同时,由于更新换代快,对资金和技术的要求也在不断提升。近年来,虽然电子设备制造行业具有巨大市场潜力,发展质量也不断提升,但规模扩张的速度却在放缓,行业内部的兼并势头不断高涨(邹倩,2013),这将给规模较小的通信企业带来巨大的压力。

电子设备制造行业内部竞争激烈,业内兼并重组加剧。2008年金融危机以后,政府鼓励各行各业结构升级,同时伴随全球化发展的步伐,全球资源得到进一步的整合,引发了国内电子设备制造行业兼并重组的浪潮。

二、华为公司简介

华为技术有限公司(以下简称"华为公司")成立于1987年,是一家主营通信设备的通信科技公司,产品覆盖交换网络、传输网络、无线及有线固定接入网络和数据通信网络及无线终端等,是国内首屈一指的通信制造企业。华为公司的智能手机一度成为国民的骄傲,在国外市场也备受青睐。2016年,华为公司以3950.09亿元的年营业收入高居"2016中国民营企业500强"榜首;2017年第一季度,首次占据核心路由器市场的全球第一份额[①]。其关键事件如图3-4所示。

(一)华为公司的国际战略

华为公司立足于全球发展高度,追求在国际市场上大放异彩,形成"3+4"的国际化战略(见图3-5)。

[①] 资料来源:华为技术有限公司官网,http://www.huawei.com/cn。

图 3-4　华为公司发展过程中的关键事件

资料来源：根据华为官网数据整理。

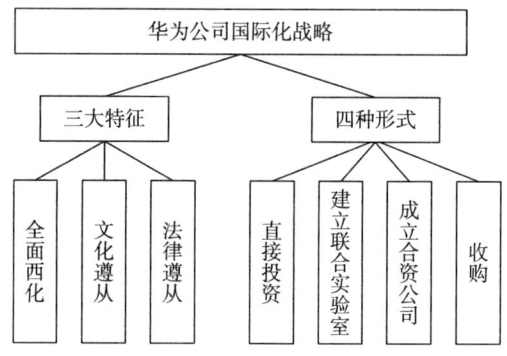

图 3-5　华为公司国际化战略

1. 华为公司的国际化扩张特征

（1）全面西化，即聘请国外多家咨询企业对华为公司的产品研发、供应管理、人力资源管理、财务管理等进行把控与操作，形成接近西方管理思想的一整套制度和流程。

（2）文化遵从，即成立文化道德遵从委员会，帮助海外员工主动融入海外国家与地区的文化、语言和生活习惯等，实现快速适应、快速工作的目标。

（3）法律遵从，即要求华为公司及其海内外员工主动遵守联合国法律等，依照法律办事。

2. 华为公司的国际研发战略

华为公司的国际研发战略主要有直接投资、建立联合实验室、成立合资公司和收购四种形式。

（1）直接投资。先后在印度班加罗尔、瑞典斯德哥尔摩、俄罗斯莫斯科、美国达拉斯和硅谷直接投资建立研发机构，不断为华为公司提供技术支持。

（2）建立联合实验室。与美国德州仪器（Texas Instruments）共同建立的数字信号处理联合实验室成功研发了数字信号处理硬件与软件，推动着华为公司向多媒体技术领域发展，之后又陆续与英特尔、摩托罗拉、SUN、微软、NEC等国际一流企业建立联合实验室。

（3）成立合资公司。2003年，与3Com公司合资建立华为3Com（H3C）有限公司；2004年，与德国西门子公司组建全球性合资公司；2006年，与电信巨头北电网络建立合资公司；2007年，与赛门铁克公司建立针对电信行业的合资公司。

（4）收购。2002年，为了获取光传输技术，实现对美国光通信厂商OptiMight的收购；2003年，实现对美国网络处理商Cognigine的收购，为其生产交换机和路由器提供技术支持；2010年，先后完成对美国3Leaf Systems和收购国际交钥匙系统公司（ITS）的业务支撑系统部门详见2012年2月发表于《中国经济与原息化》的《华为扩军》一文的收购；2011年，以503亿美元收购华为3Com有限公司49%的股份及其全部专利。2012年，为了进一步扩大全球市场，获取世界先进技术，从英格兰经济发展署收购集合光电子中心有限公司；2013年，收购Caliopa，获取先进的硅光子开发技术；2014年，收购Neal，进一步提升传感器与无线电开发技术水平；2017年，收购Hexa Tier和Toga Networks，为华为数字库建设提供关键技术。

（二）企业文化

"丰富人们的沟通与生活"是华为公司的愿景，"华为，不仅仅是世界

500强"是华为公司的宣传口号,进而提出"聚焦客户关注的挑战和压力,提供有竞争力的通信解决方案和服务,持续为客户创造最大价值"的使命。华为公司一直致力于满足人们的通信需求,期望成为全球电子设备制造行业的友好合作伙伴,以客户为中心,基于客户需求与技术领先借助持续创新构建共赢生态,为全球客户提供敏捷创新和极致体验的服务。华为公司相信可以为世界带来以下影响:为客户创造价值、推动产业良性发展、促进经济增长、推动社会可持续发展、为奋斗者提供舞台。30年来,华为公司一直坚持聚焦主航道,不走捷径,踏踏实实,以客户为中心,以奋斗者为本。

(三)创新成果

创新发展是华为公司一直追寻的发展目标。一经成立,华为公司就立志成为行业内技术先进的佼佼者,寻求利用创新带来企业发展的附加值。成立之初,华为公司就自主研发了先进的PBX,成为领先行业内其他企业的技术基石。尝到创新甜头的华为公司从未懈怠技术研发,在世界各地一共建立了16个研究所,研究人员达到7万余人,累计申请中国专利44168件、外国专利18791件、国际PCT专利14555件[①]。华为公司坚持打开边界,与世界握手。华为公司始终深信数字世界、智能世界的构建与落地需要整个生态的共同努力,期望能与合作伙伴一起建立"互生、共生、再生"的产业环境和商业生态体系。自2010年以来,华为公司已与全球30多个国家与地区的400多所研究机构建立合作。在海外设立了22个地区部100多个分支机构,华为公司正在成长为一个全球化公司。

三、华为公司创新网络发展历程

(一)模仿阶段:网络组建(1987~1999年)

1987年,华为公司以生产用户交换机销售代理的身份而起家,正式开始通信之旅,但是相比国际领先企业,华为公司起步晚、资金弱、基础建

---

① 资料来源:华为技术有限公司官网,http://www.huawei.com/cn。

设差,即使意识到技术创新的先进性和重要性,但依旧力不从心,无法大力推进自主创新。面对这一问题,华为公司转变思维,转向学习吸收现成技术,主动与高校、邮电部等机构建立双边弱关系,以紧跟最新研发技术,一直坚持"站在巨人肩膀上"的跟进创新,在国内设立研发机构,逐渐积累与转化技术资源,组建起属于自己的创新网络。1987~1999年,先后成立了中央研究院、北京研发中心、上海研发中心和南京研发中心,分别与清华大学、北京大学、北京邮电大学、中国科学技术大学、电子科技大学等高校开展技术合作。在这一阶段,华为公司的精力主要放在非核心专业芯片的开发上,通过不断模仿整合国内创新资源,组建并嵌入创新网络中,为企业的创新发展提供了捷径。此时,华为公司构建创新网络的端倪出现,初步形成创新学习对象与内容,但其创新资源主要来自国内,与国外企业合作次数少,在一定程度上阻碍了企业创新网络的进一步发展。

(二)合作阶段:网络延伸(1999~2006年)

进入21世纪,经济全球化深入发展,尤其是中国加入WTO以后,对中国企业提出了更高的全球化要求,为了更快地适应新变化,华为公司积极发展延伸企业创新网络来获取互补性资源,缩小与世界顶尖技术之间的差距。1999年,依靠敏锐的洞察力在印度班加罗尔建立了第一个海外研发中心,与"亚洲硅谷"合作交流软件开发技术,推动华为公司创新网络的延伸。之后,为了掌握数据通信领域的技术资源,分别与瑞典斯德哥尔摩、美国达拉斯、俄罗斯莫斯科等地建立研发交流中心。2003年,华为公司的创新网络取得突破性进展,与3Com公司合作组建华为3Com(H3C)有限公司,开始进军欧美市场。同年,借助不断完善的技术资源与优质的供应商服务,成立独立的手机业务部,正式进入手机行业,分别与摩托罗拉、IBM、英特尔、微软等国际大公司进行手机研发试验合作,共同建立了产品联合研发实验室,初步构建起与全球领先企业的深度合作。2004年,针对国内3G市场需要,与西门子共同组建合资公司,获得了较大的成功。但这种方式因华为公司本身主观要求较高,判断失灵后将会为此付出巨大的代价,在CT2项目上,由于研发与市场脱节,给华为公司造成不小的损失。2000年，华为公司从立项到开发、从推广到量产全方面进行研发创新，建成IPD技术管理体系，实施该体系后，华为公司整体研发成本下降，周期缩短。在这一过程中，华为公司形成以研发中心为基础的创新网络集群，与不同规模的企业交流改进技术，不仅跨出国门在海外设立众多研发中心，而且还与国际顶尖企业建立双边强关系，从而推动其从模仿到合作吸引的转变。同时，强大的合作机制吸引更多的企业加入到与华为公司合作的体系中，促进以华为公司为核心的创新网络的延伸，进一步扩大了企业创新网络的开放度，华为公司的创新网络规模大幅度增加，网络集聚程度提高，与外部组织之间的合作次数也明显增多。

（三）自主阶段：网络交织（2006年至今）

2006年以来，华为公司的技术全球化网络取得了突破性进展，不仅构建了全球技术交流生态体系，更与全球各类组织形成广泛领域的战略合作。这一阶段，华为公司逐渐掌握核心互补资源，形成交织性的企业创新网络，极大地提升了技术创新能力。2007年，与赛门铁克、Global Marine等企业建立合资公司，以全新的企业国际化进入模式构建交织性的企业创新网络。2008年，与国际高校合作，发起"未来种子项目"即全球CSR（Corporate Social Responsibility，企业社会责任）项目，将全球合作延伸到企业管理模式中，而不仅仅是技术合作。

同上，大数据、物联网等新兴技术影响着华为公司的综合发展，也促进其创新网络的变革。2012年，以开放ICT实验室为起点，开始寻求产业联盟，2014年，与多家企业共同建立了ELTE产业联盟、智慧城市联盟、VTM解决方案联盟等，形成交织性的创新网络形态，实现从双边强联系到多边强联系的转变，为华为公司在全球数字化技术领域的发展壮大提供了源源不断的动力。

四、华为公司创新网络分析

（一）华为公司创新网络演化阶段特性

通过描述华为公司创新网络演化的组建、延伸与交织三个阶段，不难发现,在其创新网络演变的三个阶段所呈现的演化特征是不同的。具体体现在创新模式、网络成员、网络目标、节点关系、网络位置五个方面,具体如表3-4所示。

表3-4 华为公司创新网络演化的阶段特性

阶段	网络组建	网络延伸	网络交织
创新模式	模仿式跟进创新	合作式延伸创新	自主式变革创新
网络成员	国内企业、高校、研发机构等	国内外企业、高校、研发机构等	全球顶尖企业、高校、研发机构等
网络目标	技术(跟进)	互补性资源(获取积累)	产业联盟(构建)
节点关系	双边弱关系	双边强关系	多边强关系
网络位置	网络边缘	临界中心	网络中心

1. 创新模式

华为公司经历了由模仿式跟进创新到合作式延伸创新再到自主式变革创新的创新网络演化过程。在网络组建阶段,相对于发展成熟的国际企业,华为公司起步较晚、技术较为落后,为了获取行业中的先进技术,华为公司主动与高校、研发机构与国内企业寻求技术交流合作,主动学习模仿行业技术规则,并运用到实际生产中,对企业进行模仿式跟进创新。在网络延伸阶段,为了获取互补性资源,提升产品附加值,华为公司将创新源延伸到海外企业,主动与海外企业建立技术联系,与海外巨头公司创建合资公司、研发中心等,以合作的方式引进国际先进技术,对企业进行合作式延伸创新。在网络交织阶段,为了建立利益共享的产业联盟构建技术生态系统,适应大数据发展趋势,华为公司将与节点组织的合作由技术变革延伸至管理模式,以实现自主式变革创新。

2. 网络成员

创新网络的不同阶段,华为公司的创新网络成员分别是国内企业、高校、研发机构，国内外企业、高校、研发机构，以及全球顶尖企业、高校、研发机构。在网络组建阶段，华为公司注重与国内周边组织建立技术创新合作，一方面向行业中的国内企业学习非核心芯片的研发，并进行模仿生产；另一方面与国内高校、邮电部等开展技术合作，整合国技术资源。在网络延伸阶段，华为公司受国内技术水平普遍较低的限制，开始将目光转向国外，与国外企业建立研发交流中心，形成以研发中心为基础的创新网络集群。在网络交织阶段，建立全球合作产业联盟，与全球顶尖企业建立技术合作创新机制，同时注重与国际高校、研发机构进行多层次合作，将全球顶尖企业、高校、研发机构等联系起来。

3. 网络目标

在创新网络的不同演化阶段，华为公司的网络目标分别为技术跟进、互补性资源"和产业联盟"。在网络组建阶段，实行模仿式跟进创新，学习、引进并逐渐吸收国内行业中企业、高校和研发机构等的技术，实时跟进行业技术变化。在网络延伸阶段，实行合作式延伸创新，主动与海外企业、高校和研发机构等建立技术交流合作，以获得更广范围内的互补性资源，实现网络边界的延伸。在网络交织阶段，实行自主式变革创新，通过与全球顶尖企业、高校和研发机构等的合作，建立产业联盟，将全球顶尖技术融入企业各个方面，实现自主式创新。

4. 节点关系

在创新网络的不同阶段，华为公司创新网络与节点组织的关系经历了一个由双边弱联系到双边强联系再到多边强联系的过程。在网络组建阶段，刚成立不久，实力较弱，但技术进步的意识较强，不断与行业中的企业、高校和研发机构等节点组织进行交流，但与节点组织合作次数有限，内容也较为狭小，呈现双边弱联系。在网络延伸阶段，华为公司经过一段时间的发展，实力明显增强，为了适应发展的速度，将节点组织延伸至海外组织，合作交流的频率增多，合作内容更为广泛，呈现双边强联系。在网络交织阶段，主动与全球顶尖企业建立产业联盟，与高校、研发机构等建立全球研发中心，甚至将合作内容拓展到管理模式上，其合作广泛、次数频繁，呈现明显的多边强联系。

5. 网络位置

在创新网络的不同演化阶段，华为公司在创新网络中先后处于网络边缘、网络临近中心处和网络中心的位置。在网络组建阶段，刚刚创建，起步较晚，技术难以与发展更早的企业相媲美，虽然寻求与节点组织的技术合作，但实力不足的华为公司只能与其进行弱联系，在网络的边缘位置立足。在网络延伸阶段，发展迅速，实力大增，借助在行业中的名声，众多节点组织纷纷与之建立技术合作，华为公司开始与节点组织进行强联系，逐步向网络中心靠拢。在网络交织阶段，依靠在全球中的实力，华为公司与全球节点组织建立产业联盟、全球研发中心，能够迅速收集全球先进创新资源，处于创新网络的中心位置，如图3-6所示。

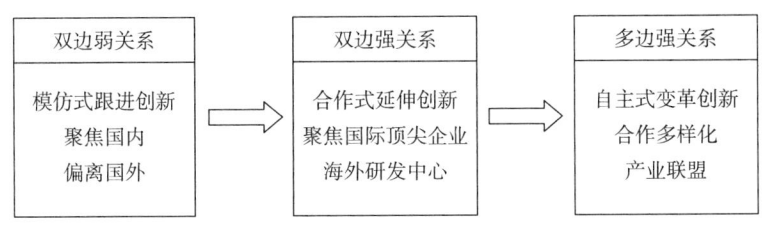

图3-6 华为公司创新网络节点联系演化过程

（1）模仿阶段，相对于国外巨头企业起步较晚，实力较弱，缺乏对技术的资金投入，只能进行一些模仿式学习，以获得行业内部技术，为快速崛起奠定基础。与国内高校、邮电部等机构建立技术合作协议，进行简单的双边技术交流，华为公司的精力主要放在非核心专业芯片的开发上，寻求先在市场上站稳脚跟，然后再谈发展问题的思考模式。在这一阶段，华为公司大多与国内企业进行技术合作，与国外企业交流较少，合作对象有限，掌握的互补性资源不足以适应企业发展的要求。

（2）合作阶段，将技术合作的目光转向国外，不仅在斯德哥尔摩、达拉斯、莫斯科等地建立研发交流中心，还积极与国外巨头企业进行深度技术合作，成立联合研发实验室，推进华为手机业务的快速发展。此阶段，华为公司不再局限于国内技术资源，开始与国际顶尖技术搭建桥梁，依靠海外研发中心获取快速适应社会对技术快速迭代的要求。

（3）自主阶段，开始以自动式的方式对技术进行创新变革。在这个阶段华为公司不仅与高校、研发中心和企业之间进行技术合作，还将其合作内容延伸到企业管理模式、大数据运用等中，实现合作的多样化发展。通过一系列的产业联盟，汇聚多方先进技术，共享资源、共分利益，实现由双边联系向多边强联系的跨越。

（二）华为公司创新网络演化过程

华为公司的创新网络可划分为网络组建、网络延伸和网络交织三个阶段，以及网络成员、网络模式和网络目标三个维度，各个维度根据所处阶段的不同而相互作用、共同演进，具体如图3-7所示。

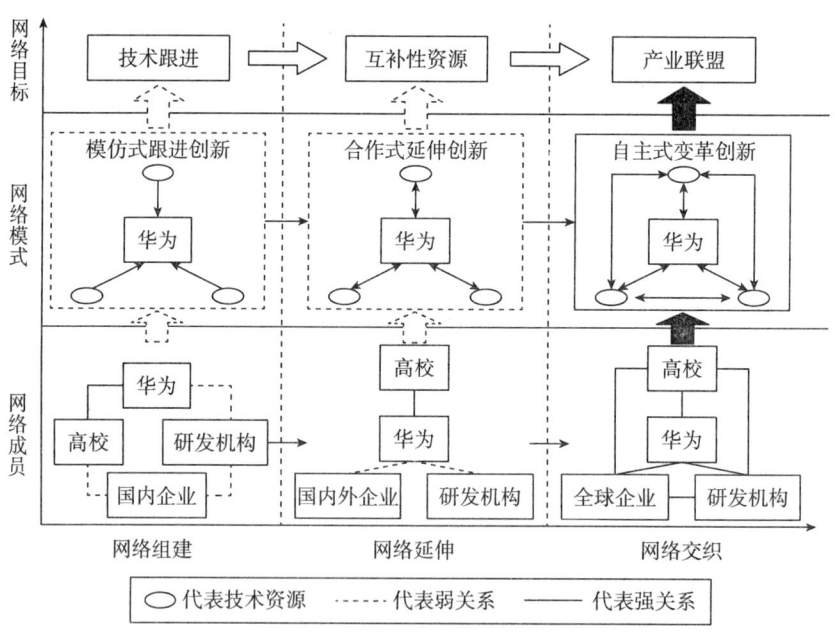

图3-7 华为公司创新网络演化过程

1. 网络组建阶段

在网络成员方面，华为公司的主要合作对象为高校，希望能从高校科研活动中获得技术支持，而与国内企业和研发机构建立的联系较少，呈现双边弱联系。在创新网络组建过程中，华为公司依靠合作成员进行模仿式跟进创新，通过建立研发中心的方式学习吸收网络成员的先进技术，并在非核心芯片的生产上进行模仿创新，增强了华为公司的发展实力，以紧跟行业技术发展水平实现技术跟进。

2. 网络延伸阶段

在网络成员方面，华为公司将合作对象延伸到海外节点组织，开始与国外先进企业建立友好技术合作平台，建立以研发中心为基础的创新网络集群，汇集国内外企业、高等院校和研发机构等主体。在创新网络延伸过程中，华为公司依靠形成的网络集群，吸引更多的企业加入到与华为公司合作的体系中，进行合作式延伸创新，促进以其为核心的创新网络的延伸，进一步提升了企业创新网络的开放度。一方面与国内企业、高校和研发机构等进行技术合作；另一方面与国外企业如西门子等创建技术交流机制，充分互补资源缺陷，获取急需的互补性资源。

3. 网络交织阶段

在网络成员方面，华为公司与全球顶尖企业建立合作关系，共同创建合资企业，与国内外高校、研发机构等共同开展项目，还把合作内容延伸到企业的管理中，合作更为广泛，建立起以企业为中心的技术创新网络。在创新网络交织的过程中，华为公司与节点组织开展基于技术、管理等的全方位合作，形成企业自主式变革创新能力。在此基础上，华为公司构建起以自身为中心的产业联盟，促进企业的快速发展。

五、结论与启示

（一）研究结论

随着经济一体化、信息全球化的进一步加强，一个企业的成功关键不在于自己拥有与创造多少资源，而在于能够在合作联盟中整合多少资源。

华为公司通过构建海外研发中心、形成与国际大企业合作机制等方式实现技术创新，建立有利于企业整合技术创新资源的创新网络。从中我们可以得出以下结论：

（1）从动态视角来看，企业创新网络的构建过程是动态演化的，企业创新网络大致经历了一个网络组建、延伸与交织的过程。在不同创新网络发展阶段，企业在网络合作成员、创新网络模式与创新网络构建关键目标等方面呈现差异化的特征。具体而言，在企业创新网络演化的三个阶段，企业的网络成员由少变多，网络成员规模由小变大；企业创新模式由模仿向合作学习再向自主创新转化，从而推动企业建立差异化的网络目标。

（2）企业技术创新进步是一个循序渐进的过程，大致经历模仿式—合作式—自主式的转变过程，在此过程中，企业在行业中的技术地位由边缘向中心位置靠拢，从中获取的创新资源也由少变多，由浅入深。

（二）管理启示

（1）全球化是时代发展的主旋律，一个国家的发展离不开与他国的相互依赖，一个国家的企业发展也离不开对国际市场的依赖。面对不断深入发展的全球化趋势，企业需要以积极的态度拥抱国际大市场，在这个市场中寻求与其他企业合作的机会。寻求海外技术创新机会也是企业适应国际化发展的重要方式之一，学会建立海外技术合作机制，形成技术共享的创新网络形态，企业最终会获得最有利的发展机会。

（2）在企业构建的创新网络中，处于不同演化阶段的企业呈现不同的特征。企业需要认清形势，根据自身发展需求，精准掌控企业的创新发展方向，有选择性地设计创新合作对象、创新模式与创新目标等，合理判断、科学决策，以推动企业创新网络有效合理地推进。

（3）发挥创新网络成员间的协同创新效应，正确把握好宏观发展环境，逐步整合区域创新网络，并融入全球网络，在发展的过程中借助自身存在的优势，充分发挥网络中每位成员的作用，构建一个能彼此高度合作、有效输出的循环创新网络，提升网络的价值创造能力。

第四节 上海电气案例分析

一、装备制造业发展现状

作为为国防建设和国民经济发展提供生产设备的先进制造业，装备制造业一直是制造业的核心组成部分，是国民经济发展尤其是工业发展的基础。建立强大的装备制造业是提高综合国力、实现工业化的根本保障，另外，提升装备制造业水平是提升国际竞争力的有效途径与方法。装备制造业又称为装备工业，按照国民经济行业分类，其产品范围包括机械、电子和兵器工业中的投资类制成品，分属于金属制品业、通用装备制造业、专用设备制造业、交通运输设备制造业、电气机械及器材制造业、通信计算机及其他电子设备制造业、仪器仪表及文化办公用装备制造业 7 个大类 185 个小类。代表性的企业有上海电气集团股份有限公司、中材科技股份有限公司、杭州抗氧股份有限公司等。

装备制造业属于资本、技术、劳动密集型行业，需要投入大量的资金、技术和劳动力。中国装备制造业竞争力呈上升的趋势，但我国装备制造业"大而不强"的事实依然存在，装备制造业的核心竞争力水平难以与发达国家相比，很多高端技术都被外资所掌控（王江和陶磊，2017）。与此同时，在某些高端装备制造方面，一些发达国家将高附加值和高技术产品的生产制造业务从我国陆续收回，或转向东南亚等国家与地区（盛新宇和刘向丽，2017）。

未来，装备制造业将会逐渐与"互联网+"、高端信息技术等深度融合，在信息技术支持下，装备制造业逐步实现技术、管理与产业的深层次融合，进而实现转型升级（郭巍，2017）。

二、上海电气简介

上海电气集团股份有限公司（以下简称上海电气）最早可以追溯到 1902 年，2004 年正式变更为上海电气集团股份有限公司。经过多年的发展，上海电气成长为国内先进装备制造企业之一，其产业涵盖高效清洁能源装备、新能源及环保装备、工业装备和现代服务业四大业务领域，产品线囊括火力发电机组、核电设备、风电设备、燃气轮机、输配电设备、电梯、大中型电动机、环保设备、机床、自动化设备和轨道交通等。近年来，上海电气创造了多个中国第一与世界第一。上海电气品牌在国际和国内多个榜单中名列前茅，荣获中国工业领域最高奖项——中国工业大奖，入选 2017 年"全球制造 500 强"、"财富中国 500 强"在 ENR 全球最大 250 强国际承包商排名第 141 位，2017 年品牌价值 602.78 亿元[①]。

（一）经营内容

在客户价值导向和创新发展指引下，上海电气积极在全球市场布局高效、清洁和经济的能源与工业设备及其解决方案等，提升了上海电气在全球市场中的品牌影响力。上海电气主营高效清洁能源、新能源装备、工业装备和现代服务业四大产业，其中，能源装备收入占总销售收入的 70% 左右。上海电气的主要产品包括 1000 兆瓦级超临界火力发电机组、1000 兆瓦级核电机组，重型装备、输配电、电梯、印刷机械、机床等。自成立以来，上海电气先后制造了中国第一套 6000 千瓦火电机组、世界第一台双水内冷发电机、中国最大的 12000 公吨水压机、世界第一台镜面磨床、中国第一套 30 万千瓦核电机组、中国第一根大型船用曲轴、中国第一套百万千瓦等级超临界火电机组，实现了对装备制造业的颠覆，提升了企业的品牌影响力。

（二）产品服务

在产品创新上，上海电气遵循创新驱动发展的理念，聚焦于四大业务

---

① 资料来源：上海电气集团股份有限公司官网，http：//www.shanghai‐electric.com/Pages/About/Intro.aspx。

板块,产品服务涵盖国内外市场。经过多年的发展,上海电气在火力发电设备和电梯上获得可喜的成绩,其产量多年稳居世界第一的位置,印刷包装机械、冷冻空调、数控磨床等产品在国内市场占有重要的位置。基于其扎实的产品质量,上海电气还负责着国内外一系列重点工程任务,如先后为长江三峡工程、西气东输工程、秦山核电站等国家重点项目提供优质装备和产品,此外,上海电气承包了伊朗萨汉德火电机组、巴基斯坦木扎伐戈电厂、越南广宁电厂等海外重大工程,旨在提升企业的全球制造能力。

除了提供装备制造产品服务外,上海电气还积极进军金融行业,提升了社会金融服务水平。上海电气为了开拓金融业务,建立了上海电气集团财务有限责任公司,该公司得到了中国人民银行的批准,提升了上海电气资金管理水平,经过多年的摸索,该公司已成功进入中国财务公司行业十强的位置。该金融公司在满足上海电气集团金融需求的基础上,培育出了资产管理、投资银行、租赁、保险等多种产品,通过与其他类似机构的合作,实现为其他企业提供金融服务的目的。

上海电气还不断加大海外投资,希望通过资金与技术的投资方式,在世界市场上开疆扩土。2014年5月8日,上海电气与意大利战略基金公司达成战略合作关系,上海电气拟出资4亿欧元收购意大利安萨尔多能源公司40%的股权,为开拓国外市场奠定了重要基础。

(三) 下属公司及服务

上海电气旗下拥有多家子公司,业务范围覆盖装备制造业的各个方面,具体如表3-5所示。

表3-5 上海电气下属公司及其行业地位与主营业务

下属公司名称	行业地位	主营业务
上海电气电站集团	国内电站装备制造业规模最大、实力最强的产业集团之一	发电设备制造和成套、电站工程总承包、发电设备和电站工程建设相关的服务项目等

续表

下属公司名称	行业地位	主营业务
上海电气重工集团	国内最大的热加工生产基地之一,是国内最强的具有核电核岛主设备集成制造能力的产业集团,是国内最大的大型船用半组合曲轴供应商	大型船用半组合曲轴和船用机电配套产品,大型冷、热连轧机等冶金设备,碾磨制粉设备,大型机械压力机等
上海电气机床集团	中国数控机床的重要制造基地	各类CNC磨床、立式卧式及多轴联动加工中心、CNC镗铣床及各种规格CNC车床,以及为各行业配套的各类专用精密、数控机床
上海电气集团印刷包装机械有限公司	国内规模最大、产品类别最全的印刷包装机械企业集团	书、报、商业印刷卷筒纸胶印机,单张胶印机,书刊折页配页装订机,包装、模切烫金压痕机,裁切机械,特种印刷等产品
上海电气环保集团	全国环保产业的骨干企业	固体废弃物处理、水处理、大气治理和太阳能光伏发电的设备制造和工程承包
上海海立(集团)股份有限公司	中国空调压缩机行业龙头企业	空调压缩机
上海自动化仪表股份有限公司	国内规模最大、产品门类最全、系统成套能力最强的自动化仪表制造企业	工业生产过程控制系统、成套装置和仪表、可编程序控制器(PLC)、不间断电源(UPS)及仪表控制柜、低压电器柜等
太平洋机电(集团)有限公司	综合竞争能力很强的大型企业集团	纺织机械及器材制造

资料来源:根据企业官网数据整理。

(四)技术创新

为了成为现代化与国际化相结合的世界先进集团,上海电气通过引进、合作和自主研发相结合的方式提升了企业的技术创新能力,由此形成了三大特色技术创新模式:第一,引进吸收先进技术,如学习海外风电、IGCC等制造先进技术;第二,在对技术引进吸收的基础上,实现再创新或自主创新,提升了企业的创新实力;第三,自主摸索实现自主创新,如上海电气通过对大型铸锻件、大型船用曲轴等的研发,形成具有自身特色的产品。为了配合三大特色创新模式的发展,上海电气在内部形成了三层科技创新体系框架:第一层是中央研究院(集团总部),旨在研究具有前瞻性的技术;第二层是产业集团,旨在研究中长期技术研发,提升新产品的研发能力;第三层是企业,旨在对短期新产品进行研发,可以有效提升产品的性能和产品的质量。

上海电气依靠集团三大特色技术创新模式和三层科技创新体系框架的发展,形成较为完整的研发体系。到目前为止,上海电气拥有4家国家级和14家市级企业技术中心,2个国家认可实验室,2个行业重点实验室,4家市工程技术研究中心,以及39家上海市高新技术企业;与清华大学、上海交通大学、中国科学院有关院所、上海发电成套设备研究院、华能集团等建立了多家产学研用联合体,合作开发研究项目200余项,建立了5个上海电气院士工作室和6个研究生工作室。

三、上海电气创新网络发展历程

上海电气关键事件如图3-8所示。

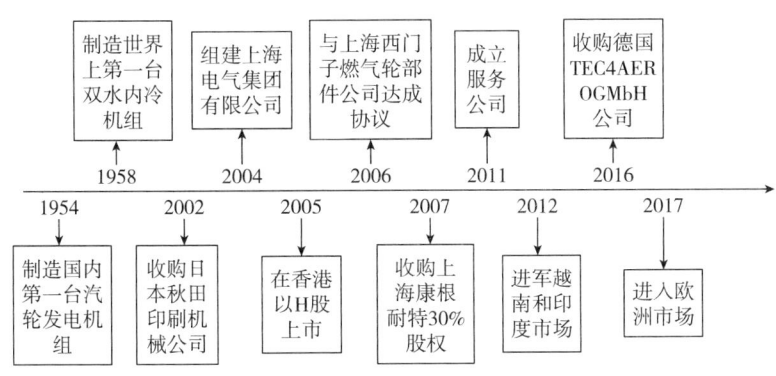

图3-8 上海电气发展历程中的关键事件

资料来源:根据企业官网数据整理。

(一)探索阶段:网络组建(1902~2005年)

上海电气的发展历史可以追溯到1902年,但当时受政治环境的影响,一直处于停业的状态。中华人民共和国成立后重建上海电气,立志成为新中国工业的关键支柱性企业。得受于政策支持,上海电气于1954年制造出国内第一台汽轮发电机组(6000千瓦),打开了我国发电装备制造的大门,但毕竟技术较为落后,加上与外界技术交流次数少,使得该机组较国外实力明显偏低。但上海电气一直处在不断研发与制造的过程中,很快在1958年制造出世界上第一台双水内冷机组,在1961年研发出1.2万吨自由锻造水压机。20世纪60年代和70年代,作为中国工业的中流砥柱,上海电气发扬先锋模范作用,生产制造了大批国家急需的工业设备,创造了多个国内第一的业绩。

受改革开放的洗礼,上海电气作为国企也开始有所响应。2002年1月,上海电气集团和港资晨兴集团联手,收购了世界胶印机行业前六位之一的日本秋山印刷机械公司(后更名秋山国际)。同年,上海电气下属光华印机公司在引进秋山国际Bestech400的技术并成功实现国产化后,产品受到市场的热烈欢迎,一度出现供不应求的局面。

上海电气的技术研发实力离不开与研发机构的重要合作。2001年4月16日,上海电气与中国科学院合力举办探讨会,会上两家达成合作意向,形成了长期技术合作关系。2001年8月,双方签订9个首批启动合作项目,合同投入经费250万元,实现新增销售收入约2亿元,取得自主知识产权4项。

(二)整合阶段:网络形成(2005~2010年)

前一阶段的发展奠定了上海电气在行业中的领先地位,但企业本身并未故步自封、停滞不前,而是积极转型升级,不断壮大企业发展的实力。2005年4月上海电气在香港成功上市,撬开资本市场的大门,旨在通过一系列的资本运作扩大产业优势,集中特殊资源,进一步扩大市场规模。

为了进一步优化上下游产业体系,上海电气集团对内部资源进行整合重组。2006年,上海电气下属子公司上海动力设备有限公司、上海汽轮机有限公司、上海汽轮发电机有限公司进行了合并，旨在降低生产成本，做大做强优势产业。同年，上海电气以666.4万欧元与上海西门子燃气轮机部件有限公司达成合资协议，进一步获取了先进制造技术，为占领中国电力设备市场奠定了基础。2007年上海电气进一步加强整合，其旗下上市公司上海集优宣布与同系的上海电气实业订立协议进行收购，进一步方便碳产品等的生产与销售。

经过整合发展后的上海电气技术创新能力不断增强，创新成果显著，成功实现大功率低速船用柴油机曲轴国产化。上海电气的专利申请数量逐年上升，技术转化效果明显，为企业长久发展提供了充足的动力。

此阶段，上海电气集团的科技创新体系进一步完善。上海电气在推进技术装备创新发展过程中，将科技体制创新与机制创新摆在突出的位置，形成三大科技创新支撑。第一大支撑是网络支撑，一方面，上海电气形成以中央研究院、上海电气所属研究院和企业技术中心共同组成的内部合作体系；另一方面，上海电气通过整合的方法，降低个别成本，抓住一切有利于科技创新的外部资源。第二大支撑是制度支撑，形成五大互动（新体制机制与新技术装备的互动、核心产业与传统产业的互动、全面提升与重点突破的互动、用好现有人才与引进社会人才的互动、激发业内资源活力与推进业外资源集成的互动）与五大政策（《新技术新装备项目推进管理办法》、《科技统计管理细则》、《上海电气重大科技创新奖励制度》、《科技专家、项目带头人、首席技师选拔制度》、《上海电气关于引进高端人才住房安置的若干规定》），以制度的形式保证企业技术创新活力。第三大支撑是人才支撑，不仅注重人才的数量，更加关心人才的质量，不仅引进国内顶尖人才，还积极招揽国际人才，注重人才队伍建设，为企业核心技术的发展提供关键人才保障。

（三）转型阶段：网络交织（2010年至今）

2010年，上海电气被巴菲特杂志、世界企业竞争力实验室、世界经济学人周刊联合评为2010年（第七届）中国上市公司100强，排名第30位，其发展实力得到国际社会的认可。然而受2008年金融危机的影响，装备制造业市场增速骤然回落，另外，同行业竞争对手发展势头迅猛，上海电气的发展面临巨大的挑战，此时的上海电气急需转型升级，调整发展方向。

为此，上海电气制定了"四个依靠"的总体发展思路，即：依靠技术进步，提升集团核心竞争力；依靠商业模式创新，实现持续发展；依靠改革与管理，提升经济效益；依靠人力资源，实现再次创业的目标。基于此，上海电气实现了两个转变：一是从技术引进为主转变为自主创新；二是从高碳产品转变为低碳产品，进军高效清洁能源领域。同时，上海电气探索出一条"制造业+服务业"的发展模式，即依托原有制造业基础与优势，以制造业推进服务业，以服务业促进制造业。2011年，集团按照服务产业一体化战略成立了服务公司，当年上海电气现代服务业收入就超过了200亿元，2015年超过300亿元，占集团总收入的1/4。

除了向新能源转型，上海电气还向国际市场转型发展。2012年上海电气开拓越南电力市场，将其作为国际化战略的重要组成部分；同年，在印度成立分公司，提供电力服务；除此之外，上海电气不断加强同国际企业的合作，2012年与美国斯比克成立合资公司，进一步升级中国空冷设备市场；2017年，上海电气F级燃气轮机登陆欧洲，发展欧洲市场；2013年与西门子合作完成首个陆上风电项目，交付了20台功率为2.5兆瓦、转子直径为108米的SWT-2.5-108风机；2014年上海电气出资4亿欧元向FSI收购意大利燃气轮机生产企业安萨尔多能源公司（即AEN）40%的股权；2016年，上海电气收购德国TEC4AERO GmbH公司100%股权，收购金额达到1.7亿欧元，开始发展飞机制造设备新业务。通过技术并购与市场开拓，上海电气实现在全球市场的战略布局。

四、上海电气创新网络分析

（一）上海电气创新网络特征

通过描述上海电气创新网络演化的组建、延伸与交织三个阶段，不难发现，在上海电气创新网络演变的三个阶段所呈现的阶段演化特征是不同的。具体体现在创新模式、网络成员、网络目标、节点关系、网络位置五个方面,具体如表3-6所示。

表3-6 上海电气创新网络演化的阶段特性

阶段	网络组建	网络延伸	网络交织
创新模式	合作式探索创新	吸收式整合创新	自主式转型创新
网络成员	国内企业、研发机构等	下游企业、研发机构等	全球企业、研发机构等
网络目标	巩固企业地位	优化产业结构	转型升级
节点关系	双边弱关系	多边弱关系	多边强关系
网络位置	网络边缘	临界中心	网络中心

1. 创新模式

上海电气经历了一个从合作式探索创新到吸收式整合创新再到自主式转型创新的过程。在网络组建阶段,中华人民共和国成立以前,上海电气发展环境十分恶劣,未得到较好的发展,之后作为国企得到政策的支持而迅速发展,并由政府牵头进行管理的调整,与中国科学院等研发机构、国内企业进行技术交流,还通过对日本高田集团的并购得到先进的技术,进行不断的探索合作。在网络延伸阶段,通过对下游产业的整合,将众多旗下公司合并形成整体性的技术体系,降低运营成本,以三大科技创新支撑形成科技创新体系,以便吸收内外部先进技术,实现吸收式的整合创新。在网络交织阶段,上海电气寻求向全球市场的转型,以在海外建立合资公司和收购国外企业的方式将技术引进形成自主研发的基础,将市场转向海外进而扩大企业影响力,实现自主式转型创新。

2. 网络成员

在不同阶段(上海电气)重点合作的节点组织有所不同。在网络组建阶段,上海电气能够在政府的牵引下与研发机构进行合作,为其提供生产的关键技术。在网络延伸阶段,上海电气发展的重点在于内部整合升级,更多的是与下游企业进行日常的交流,通过合并等形式获取零散的技术。在网络交织阶段,上海电气实行全球战略的转型,通过合资与收购等手段与全球企业建立伙伴关系。

3. 网络目标

上海电气在不同的创新网络阶段体现出不同的网络目标。在网络组建阶段，上海电气作为国企起到支撑国家工业建设的重要作用，得到政府的大力扶持，需要以强大的企业地位为国家建设保驾护航。在网络延伸阶段，经过前一阶段的发展，上海电气拥有巨大的实力，但分布不合理的下游产业严重拖累着企业的进步，使得企业成本不断上升，急需进行内部调整，以实现产业结构优化。在网络交织阶段，上海电气需求更广阔的市场，进行转型发展，为了获取全球市场，企业不断加大海外投资，获取关键先进技术。

4. 节点关系

上海电气在不同的创新网络阶段与节点组织的关系紧密度各不相同。在网络组建阶段，上海电气与节点组织的合作更多的是依靠政府牵头搭桥，合作较为被动，合作的对象大部分由政府指定，呈现双边弱关系。在网络延伸阶段，上海电气主动求变，进行管理体制的变革，对下游企业进行内部整合，以科技创新三大支撑构建科技创新体系，寻求网络形态的合作机制，合作的节点组织得到延伸扩充，合作对象丰富性加强，但重点放在内部整合上，与外部难以形成较为紧密的关系，呈现多边弱关系。在网络交织阶段，上海电气实现全球市场转型，合作重点放在海外市场，以更为丰富的手段获取技术支持，呈现多边强关系。

5. 网络位置

上海电气在创新网络的不同阶段先后经历了由网络边缘位置向网络临界中心位置和网络中心位置的转变。在网络组建阶段，上海电气对外的技术合作表现得较为被动，虽然与研发机构和外部企业都有联系，但合作次数有限，一旦合作完成以后将很难再交流，不以上海电气为合作的中心，表现为边缘合作。在网络延伸阶段，上海电气以内部整合的方式与下游企业建立技术联系，以三大科技创新支撑与研发机构等进行交流，合作的形式得到一定的保障，逐渐向网络中心移动。在网络交织阶段，上海电气与海内外企业建立强联系,在全球市场中的影响力得到空前提升,围绕企业发展与全球企业建立合作关系,成为网络的中心点企业。

(二) 上海电气创新网络演化过程

上海电气的创新网络可以划分为网络组建、网络延伸和网络交织三个阶段,以及网络成员、网络模式和网络目标三个维度,各个维度根据所处阶段的不同而相互作用、共同演进,具体如图3-9所示。

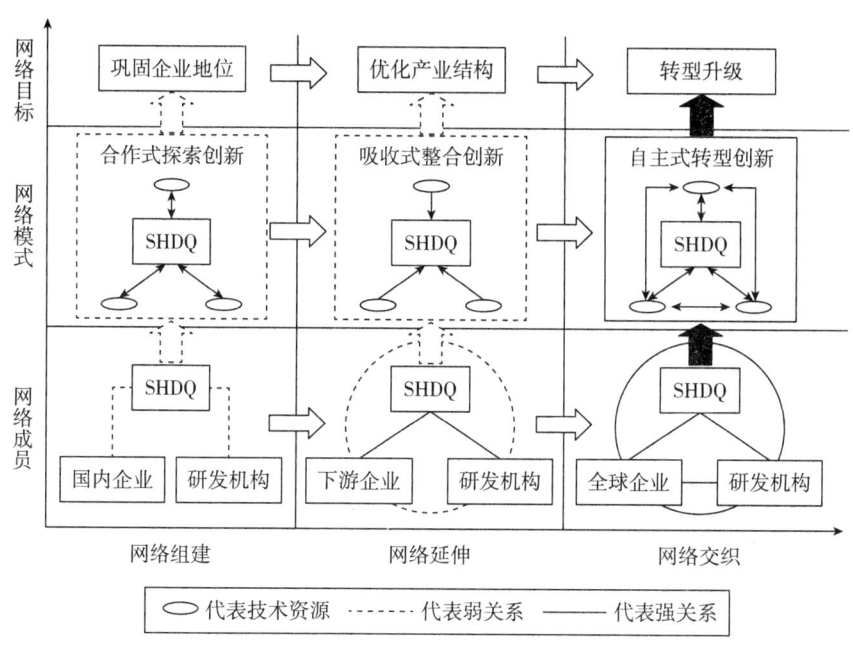

图3-9 上海电气创新网络演化过程

注:SHDQ代表上海电气集团。

1. 网络组建阶段

在政府的帮助下,上海电气与国内企业及研发机构如中国科学院等建立技术合作伙伴关系,支持上海电气探索装备制造业的发展,提供必要的技术与资源,企业在探索中实现技术进步与创新,进而巩固上海电气在行业中的地位。这一阶段,上海电气初步建立起关系较为松散的创新网络,虽处于网络边缘位置,但为企业下一步的发展奠定了坚实的基础。

2. 网络延伸阶段

上海电气进行内部整合升级，对下游企业进行合并整合，将零散技术整合形成较为整体化的技术体系，同时利用三大技术支撑，形成以研发机构为主的科技创新体系，网络成员主要包括下游企业和研发机构等。通过内部整合与技术支撑的作用，上海电气能够吸收节点组织的关键技术，而形成整体性的自主技术，为企业调整升级、优化产业机构注入新动力。这一阶段，上海电气的创新网络实现延伸发展，在网络中的位置逐渐向中心偏移，与节点组织的合作方式和内容有所丰富化。

3. 网络交织阶段

上海电气为实现向全球市场转型的目标，积极实行"走出去"战略，开始大规模在海外建立合资企业，收购拥有关键技术的企业等，能够与全球企业建立长期技术联系，合作伙伴囊括全球拥有关键装备技术的企业与能够提高先进技术的研发机构等，进而为企业实现自主研发能力的提高提供支撑，使企业实现自主式转型创新。这一阶段，上海电气创新网络不断成熟，形成日益交织的形态，合作对象丰富化，合作内容的层次不断提升，助力企业拥有自主研发的能力。

五、管理启示

建设创新型国家是我国一大重要的战略决策，企业作为国家创新体系的主要组成部分，是建成创新型国家的关键主体。随着全球经济一体化的发展，技术创新国际化日益对企业全球化发展产生重要的影响。从现实角度出发，我国现阶段的技术创新实力决定了我国企业在进行创新国际化过程中必须加强技术集成、吸收、学习与利用，在全面提高企业技术能力的基础上，推进企业生产经营的国际化。经历技术创新国际化的跨国企业主要通过在海外建立研发中心（R&D机构）和跨国并购两种方式获取知识资源与市场，并表现出创新源获取全球性、创新人才国际化及创新组织网络化的特征。海尔、华为与上海电气是典型的利用技术创新实现国际化的跨国企业，三者在全球市场中日益扮演着重要的角色，其成功的技术创新

国际化之路为其他企业的发展带来了许多的启示:

(一) 放眼看世界，深化对技术创新国际化的认识

处于全球经济一体化的大背景下，技术创新国际化是一种必然的趋势，是应对全球激烈竞争的关键法宝。深化对技术创新国际化的认识就是深化对其重要性与必然性的认识:①深化对技术创新国际化重要性的认识，加强与海外拥有核心技术大企业的合作有利于树立标杆，找寻自身与海外组织的差距，尤其是在技术创新及人才建设等方面的不足；有利于增加获取全球最顶尖技术的机会，把一切利于企业自身创新的资源整合来为自己使用，使其开发的产品更具有全球开放性。②深化对技术创新国际化的必然性的认识，创新成本与风险同存，创新的成本与风险都在增加，加强和其他组织尤其是全球最先进组织的技术创新合作，可以分担创新失败带来的风险，降低行业发展的不确定性。

(二) 立足自身，融入世界，实现技术创新国际化

国际化不仅是经营国际化，更重要的是依靠技术进入国际化。不同性质的企业进入国际市场所采用的方式不一样，就技术创新国际化而言，同一个企业在不同时期进入国际市场也可能采用不同的方式，有的企业在前期建立R&D机构，后期实现跨国并购获取关键技术（如海尔和华为等），有的企业则刚好相反（如上海电气等），也有的企业是两者同时进行的。企业应该认真考量自我，找到适合自己融入全球市场的最佳技术创新路径。

(三) 企业利用技术创新实现国际化，最终也会表现为创新的网络化

在企业演化的不同阶段，企业技术创新网络的创新模式、网络目标、节点关系、所处网络位置及主要网络成员存在差异性。同时，不同类型的企业在其演化特征及演化路径方面都会表现出不同。对于企业来说，要合理整合企业内部资源与外部资源，正确区分企业发展的外部驱动力与内部驱动力，明确在不同时期的创新目标，合理决策，摆正自己与节点组织的关系以及在网络中的位置，进而推动企业最终形成自主研发的能力，实现管理创新的有效性。

第四章
规模并购

第一节 规模并购理论概述

随着国际化步伐的逐步深入,越来越多的企业寻求更加丰富并适合自身发展需求的国际化进入模式。跨国并购使得企业在全球化配置中能够充分利用全球资源来提升企业全球竞争力(吴先明和苏志文,2014),这也是企业迅速占领国际市场,实现技术转型升级,推动现代企业快速成长的关键途径(Ragozzino,2009)。越来越多的中国企业开始利用跨国并购参与国际化的发展,提升国际竞争力。1995年以来,中国企业跨国并购交易量平均以七成的增长率增加,2008年次贷危机加快了我国民营企业跨国并购的节奏,使其成为我国跨国并购的重要力量(田海峰等,2015)。

一、企业跨国并购动因分析

从现有研究来看,学者们选择从不同视角对企业跨国并购的动因进行解释,形成了一系列的研究理论。例如,规模经济理论、市场优势理论、多元化经营理论和交易费用理论等成为国外研究跨国并购的重要理论(唐任伍，2002）。规模经济理论认为企业在参与跨国并购的过程中因扩张获取成本优势，实现规模效应（Barney，1988）。与规模经济理论相对应的多元化经营理论强调企业在跨国并购中形成的范围经济，旨在强调企业应该降低在国际运营中可能产生的破产概率，增强国际运营的回报率，实现公司的价值（Jamie et al.，2009）。而市场优势理论认为企业进行跨国并购的根本目的在于提升在同行业中的竞争力，提升企业对市场环境的适应能力和控制能力，提高获取收益的可能性（Yiu，2005）。交易费用理论是由西方经济学家提出来的，他们认为企业进行海外并购的目的在于将外部交易转化为企业的内部行动，规范内部管理，以最大限度地节约费用（Dunning，1993）。国内学者同样也对企业跨国并购的动因进行了研究。与国外学者不同，国内学者注重从政府与企业两个层级去剖析企业跨国并购的动因（刘青等，2017）。首先，基于政府层面，提升国家国际竞争能力、保证国家长治久安是我国政府推动企业进行跨国并购的重要目的（王燕梅，2003）；而从企业层面来讲，品牌国际化、获取核心技术、扩大市场份额以及获取国际化经验是驱动我国民营企业进行跨国并购的四个最主要动因（孙华鹏等，2014），为了提升企业竞争力，适应全球市场环境，企业通过跨国并购可以获取稀缺资源、先进技术，为扩大市场份额奠定了重要的基础。

二、企业跨国并购与技术创新能力关系分析

跨国并购对企业技术创新能力具有重要的影响（Almeida & Phene，2004）。跨国并购主要通过获取知识资源、优化资源配置、增强内部研发、减少市场竞争等方面对企业的技术创新能力产生作用和影响（吴先明，2018）。基于这些作用与影响，企业可以在并购中采用利用式学习或者探索式学习使得企业的技术创新能力经历一个积累、再生与创造的过程（陈侃翔等，2018）。利用式学习是对已有技术的开发与利用，往往涉及对现有技术的选择、提炼与改进等；探索式学习提升企业对知识的选择、吸收与整合，获取与现有技术不同特征的新知识，带动企业发生根本性的变化

（张振刚等，2014）。技术驱动型并购（即以获取先进技术为目的的并购行为）是中国企业核心竞争力的一种较为高效的培育模式，技术并购不仅能够帮助企业获得技术创新资源，而且可以将获取的资源进行快速转化，帮助企业获取先发优势（柳卸林和徐晨，2011）。

第二节 均胜电子案例分析

一、电子制造业发展现状

中国是电子产品消费大国和制造大国，中国电子制造业是中国制造业的重中之重，并且在整个国民经济中占据着重要比例。中国电子制造业对外依存度高，行业运行与国内外环境紧密相连，现阶段处于高速发展的时期。由于中国制造业的崛起和全球电子产业开始从垂直结构向水平结构转变，制造价值链的分工日益细化，因此中国逐渐演变成为全球重要的电子产品制造基地之一，在一定程度上推动了中国电子产业的发展。电子制造产业是电子信息产业的重要基础，中国电子制造业的兴起也逐渐推动了电子信息业的发展。尽管中国劳动力成本不断上升，发达国家仍然将中国视为全球电子制造产业中重要的一环，为推动我国企业参与全球制造提供了可能，更为我国本土企业进入国际市场提供了大量的机会。

为了推动中国制造业的发展，我国从政策宏观视角至企业微观视角对产业智能化进行了较好的布局，为世界制造企业转型升级提供了借鉴。2015年中国颁布《中国制造2025》行动纲领，明确提出中国制造产业需要深化互联网的运用，应该聚集全社会的力量加快对互联网技术的研发与实际运用，加快培育远程智能检测、智能追溯等产业互联网新应用，推动大数据在制造产业中的运用，构建一批高质量的工业大数据平台，推动软件与服务、设计与制造资源、关键技术与标准的开放共享,这将有助于推动我国电子制造业向智能制造转型。

我国电子制造业经过多年的发展,已经成为我国的一大特色产业。我国电子制造业在发展过程中兼具有利与不利因素,具体来说:

(一)有利因素

1. 政策支持

2015年,我国发布《中国制造2025》,提出推进信息化与工业化深度融合,为我国电子制造产业的转型升级提供政策指引。2017年11月,我国继续推出《关于深化"互联网+先进制造业"发展工业互联网的指导意见》,提出为了推动我国电子制造企业尽早实现转型升级,需要推动大数据、人工智能等先进技术与产业深度融合,构建与我国经济发展相适应的工业生态体系。伴随着政府支持的物联网基础建设逐渐到位,相关应用服务的建置将顺势快速发展。我国基础物联网建设到位后未来将向云端整合和大数据分析的趋势发展,企业导入工业互联网的进程将加快。近年来,国务院、工信部等政府部门连续出台扶持政策,鼓励行业创新和发展。政府充分扮演产业发展引导者的角色,激励境外企业通过多种投资方式与国内企业建立长期合作关系,鼓励中国企业向西方学习和应用先进的生产技术。同时,政府通过鼓励国内企业与国外企业联合建立研发课题、积极参与国际高新技术研讨会等方式,鼓励国内企业走出国门,积极投身国际竞争。

2. 良好的行业经营生态圈

随着全球电子设备智能制造行业逐步向亚太特别是向中国的转移,产业集群效益在中国已逐步显现,与行业配套的上下游供应链日趋成熟。从基础电子元器件的集中采购到全套配套方案的研发设计,以及支持全球物流配套服务等环节,均已经达到基本满足电子制造服务全球化的要求。国内形成了以长三角、珠三角以及环渤海地区为代表的相对完整的产业集群,围绕消费电子、电信设备、计算机及网络设备等行业的上下游配套产业链已形成集聚效应。随着新技术、新工艺的广泛应用,先进设备不断升级,产品制造的技术含量不断提高,行业产品的应用领域不断拓展。同时,技术水准的提升构筑起了一定的人才和技术壁垒,提高了行业进入门槛,避免了行业内低水平的价格竞争,保障了行业健康快速发展。另外,具备技术优势的生产厂商通过前期介入品牌厂商的新产品生产开发过程,快速响应客户的定制化需求,推出满足客户需求的产品,获得较高的前期利润,保持优势地位,避免了陷入价格战的困境,进而构筑起良好的行业生态圈。

(二) 不利因素

1. 人力资源成本不断上升

我国人力资源成本上升体现在劳动力的招募与分配成本不断上升。随着社会价值观念的转变和产品需求的不断增强,基层员工出现供不应求的局面。另一方面,由于我国整体经济实力不断增强,员工的工资水平普遍提高,使得劳动力成本大幅度增加,这对于企业的成本控制能力提出了更高的要求。

2. 智能终端技术更新换代较快

随着智能终端产品的更新换代以及市场需求的快速变化,智能产品实现了快速迭代,出现多种技术并存的局面。这对电子制造企业的转型升级提出了更高的技术要求,只有相关技术跟上行业水平与市场需求变化,才有可能适应不断变化的市场竞争环境。

改革开放以来,我国电子制造业以"市场换技术",经历了产业规模、进出口额迅速上升阶段以后又进入了低增长阶段,增长率在2001年高达83.2%,2004年至今整体上呈持续下降趋势。

近年来,虽然我国电子制造业的规模不断上升,并逐渐融入全球价值链中,但我国电子制造企业仍以加工代理为主要生产方式,处于全球产业价值链的低端。外资企业在进出口额中占主导地位,内资企业市场占有率偏低。目前,国际经济形势仍然复杂,在日趋激烈的全球竞争中,未来处于产业链中低端的我国电子制造业所面临的发展环境依然严峻。

二、均胜简介

宁波均胜电子股份有限公司（以下简称均胜）成立于2004年，是一家全球化的汽车零部件顶级供应商，其前身是一家以汽车功能件为主的零部件企业。均胜的核心业务发展迅猛，已经具备了全球化高科技企业的特质，拥有强大的技术实力，服务于高端客户，在市场不景气时依旧保持稳定增长，从而逐渐处于产业价值链的上游。产品已广泛用于全球60多个客户的超过300种轿车车型，2016年实现营收达186亿元人民币[①]。

（一）核心业务

均胜的核心业务有智能驾驶（HMI）业务、汽车安全产品、汽车功能件和新能源汽车动力控制四大板块。多年来紧紧抓住汽车行业高速增长的机会，聚焦汽车电子领域，围绕更安全、更智能、更环保的汽车电子发展主题，进行持续的战略布局与资源优化配置，形成了在高端汽车电子领域的核心竞争力，并在汽车安全电子、驾驶控制电子和新能源汽车电子领域达到全球领先的水平。

1. 智能驾驶（HMI）业务

包括驾驶员控制系统、车载空调系统、传感器系统和智能车联控制系统等。均胜电子致力于构建新型的智能人机交互HMI系统商业生态，在主动（自动）驾驶、智能车联和新能源汽车等方面革新技术，推动驾驭世界向前发展。HMI与汽车安全产品的结合能为客户提供深度的主动驾驶一体化安全解决方案。

2. 汽车安全产品

均胜的汽车安全产品包括安全气囊、安全带、方向盘等，在汽车安全领域拥有强大的核心竞争力。均胜从20世纪开始进军汽车安全产品领域，是全球少数几家具备主动、被动安全技术整合能力的公司，历经多年的发展，均胜构建了比较完善的数据库，积累了大批专利技术。

---

① 资料来源：均胜电子股份有限公司官网，http://www.joyson.cn/。

3. 汽车功能件

均胜的汽车功能件包括涡轮增压进排气系统、高端方向盘、车身清洗系统、空气管理系统及其他高端内饰件等产品，大部分产品市场占有率均位居中国市场前茅。

4. 新能源汽车动力控制

均胜电子在这方面主要提供新能源汽车 BMS 解决方案、48V 轻混系统 MBS 产品与无线充电技术等。作为新能源汽车的核心技术，电池管理系统是新能源车质量的保证，宝马公司选择了均胜作为电池管理系统的唯一供货商。均胜提供的电池管理系统由电池管理单元和电芯监控传感单元两个部分组成。普瑞提供的 48V 系统 BMS 解决方案，已成功应用于奔驰旗下全系列 48V 系统乘用车。此外，普瑞将在 BMS 等产品组合中嵌入无线电动车充电技术，专注于插电式混合动力 PHEV 和电动车 EV 的无线充电系统商业化。

（二）国际并购战略

实现"全球化和创新转型升级"是均胜的战略目标。通过企业创新产品升级和多次国际并购，均胜期望成为全球优秀汽车生产商可信赖的合作伙伴。外延并购一直是均胜成长的关键利器。2009 年，均胜实施并购战略，并购上海华德集团，扩张并整合国内产品。基于并购带来的巨大利益，均胜加快并购步伐，2012 年 3 月，均胜完成对德国普瑞 100% 股份的收购。此次并购，使得均胜在驾驶控制系统、空调控制系统等方面取得技术资源，一跃成为"中国汽车电子第一股"。

2013~2015 年，均胜电子先后收购德国 PREH、德国机器人公司 IMA、德国群英、汽车安全系统全球供应商美国 KSS 等，使得均胜电子真正将步伐迈向全球市场，很快便成为了业内前十的大型公司。2016 年 5 月，为了获取自动化研发技术，均胜电子旗下子公司 PIA 全资收购 EVANA 100% 的股权。2017 年，均胜电子收购日本高田，这次收购使得均胜电子获取了汽车被动安全生产的大量关键技术，成为世界最大的被动安全生产公司。

（三）技术创新

均胜自成立以来，以"成为汽车智能技术的创新者与领导者"为企业愿景；以"为顾客提供优质的高技术产品与服务"为企业使命，坚持自主创新；以品质优异、客户满意、员工满意为发展理念，讲究海内外并购后的文化融合，自觉选择了一条差异化的发展道路，逐渐形成技术、服务、生产、时间、市场和管理团队的优势。均胜从零部件供应商成长为技术驱动的系统集成商，内部创新与外延发展是其发展战略的核心。从成立之初，均胜就注重自主创新，渴望成为汽车智能技术的创新者与领导者，凭借领先的创新设计、生产制造、品质管理及优秀服务，均胜成为众多全球汽车制造商的长期合作伙伴，并屡获保时捷、大众、通用等汽车制造商颁发的优秀供应商奖[①]。

三、均胜创新网络发展历程

（一）起步阶段（2004~2010年）

2004年，均胜自成立伊始就与国际著名汽车主机制造公司（OEM）建立长期合作，初步尝试产品研发与制造的同步发展。到了2006年，公司开始为大众、通用、福特供货，承担国际制造外包服务。

在产品线过多、成本难控制的情况下，均胜对产品进行缩减，主要集中于出风口与洗涤器两条产品线。这两条产品线推动着均胜的快速发展，均胜迅速成为长安福特、通用和大众重要的供应商，实现公司业绩首次突破1亿元的目标。很快，均胜依靠"代工+研发"的模式迅速崛起，于2008年成为大众A级供应商和通用的全球供应商，在国内汽车零部件市场崭露头角，并逐步确立了国内汽车零部件生产的领先地位。

面对2000多亿元的汽车电子配件市场，很多企业虎视眈眈地瞄准着这块"肥肉"，由于行业进入壁垒较低，很快行业内涌现大批竞争者，某些关键技术被其他企业所模仿，一时间均胜失去了竞争优势。为了解决这

---

① 资料来源：均胜电子股份有限公司官网，http://www.joyson.cn/。

一棘手的问题，实现转型升级，均胜于2009年进行第一次国内并购，收购上海华德集团，获取其部分关键资源与技术，为企业的发展与转型注入了新鲜血液。同时为了扩展企业发展动力，均胜开始将合作目光转向国外，受经济危机的影响，德国普瑞集团渴望转移部分产业，寻求新市场。均胜抓住机会，在2010年与德国普瑞集团达成合作协议，成立宁波普瑞均胜汽车电子有限公司，开始学习普瑞的先进技术与管理，实现了国际合作的良好开端。但该阶段均胜主要是以简单的加工合作开发为主要合作方式，承担外国企业外包服务。虽然注重对合作企业的技术学习与创新，但这一阶段企业创新网络主体间关系不紧密、合作时间短、互惠次数少。

（二）转化阶段（2011~2015年）

该阶段均胜在扩大规模的同时，十分注重追求全球创新合作发展视野，将目光转向海外市场。2011年6月，均胜进一步加强与德国普瑞的关系，以18亿元成功收购普瑞74.9%的股份。次年3月，均胜完成对普瑞集团100%股份的收购。至此，均胜将业务延伸至德国、美国等世界各地，在汽车零部件生产制造方面得到最先进的技术，创新网络节点增幅较大，为企业全球化发展奠定了基础。

2011年12月，均胜实现并购上市，成为拥有自主知识产权的国际性汽车电子股份公司，其影响力进一步增强。同时，均胜收购的步伐并没有停下，继收购德国普瑞集团之后，先后收购了德国伊玛、德国群英、德国IMA、美国KSS、瑞士Feintool等公司，不断增加创新来源，逐步实现全球化扩张发展。

（三）稳定阶段（2016年至今）

该阶段均胜全球并购企业增多，并购企业实力增强，也注重协同整合。2016年2月，均胜电子完成对美国KSS和国际智能车联技术专家德国TS的并购，进一步获取被动安全生产与智能驾驶领域的关键技术，也为业务全球化布局奠定基础。同年5月，为了获取自动化研发技术，旗下子公司PIA收购EVANA 100%的股权。2017年，实现对日本高田集团的并购，标志着均胜开始将并购目光转向亚洲。

在实施海外并购的同时，均胜注重技术研发能力的提升，借助资本力量增强企业研发能力。一方面，均胜将并购企业的关键技术引进，吸收消化并与本土文化进行融合，在中国内地建立多个研发中心；另一方面，均胜还积极加强与海内外高校如同济大学、浙江大学、美国密西根大学、德国威尔兹堡大学等的合作，为均胜提供技术支持，使得其保持技术核心竞争力与领先位置。

四、均胜创新网络分析

（一）均胜创新网络演化阶段特征

案例发现，均胜在三个阶段的创新模式经历了一个由封闭式向半封闭式再向开放式创新转变的过程。在三个阶段的知识学习机制与获得的能力各不一样。企业创新网络演化过程中的结构特征与关系特征如表 4-1 所示。

表 4-1 均胜电子企业创新网络演化阶段特征

		起步阶段	转化阶段	稳定阶段
创新模式		封闭式创新	半封闭式创新	开放式创新
学习类型		利用式学习	探索式学习	利用与探索式学习
能力获取		能力积累	能力再生	能力创造
结构特征	网络密度	稀疏	较密集	密集
	网络规模	较小	较大	大
关系特征	关系强度	较弱	较强	强
	节点关系	离散	平等	共生

1. 起步阶段

均胜刚刚成立不久主要进行内部技术创新，与外部组织进行技术合作次数较少，内容有限，属于封闭式创新。均胜电子以汽车零部件起家，产品较单一，产品开发与研发能力较弱，不能满足汽车零部件加工与制造的需要，只能通过对部分企业的技术进行利用式学习，积累技术能力来维持现有的市场。在创新网络的结构方面，均胜与外部组织合作次数有限、形成的网络规模较小、合作的对象较少，主要承担国际制造外包服务，网络线较稀疏。在关系特征方面，均胜与外部组织之间只是简单的外包与承担外包的关系，交流停留在供应链层面，并没有太多地深入到技术合作领域，与节点组织的关系强度较弱，同时，合作伙伴之间关系薄弱，很容易被其他组织所取代，因此创新网络的节点关系呈现离散而不集中的状态。

2. 转化阶段

均胜由封闭式创新转变为半封闭式创新，面对市场同行竞争对手日益增多的现象，均胜电子转变学习方式，利用前期积累到的技术能力和时下与其他组织的合作快速学习吸收，以便更好地探索出适合企业发展的高价值资源，实现技术能力在企业内部的再生。2011年，均胜在对德国普瑞的再次收购后，成为中国汽车第一股，之后，均胜快速进入收购模式，获得生产制造的关键技术与资源，这种以资金换技术的方法，使企业实现优势互补，资源共享，形成一定的技术研发能力。在创新网络的结构方面，企业以收购的方式获得与国际先进企业的合作，将研发基地延伸至全球，并将业务拓展到国外多个国家与地区，其创新网络线不断密集，形成的创新规模也较大。与节点组织的协同合作促进了创新网络的不断延伸，呈现平等关系，合作内容开始深入到关键技术资源，合作伙伴之间的关系进一步增强，表现出较强的关系强度。

3. 稳定阶段

均胜由半封闭式创新转变为开放式创新，此阶段，进一步加强收购力度，先后收购多家国际领先企业，业务不断完善升级，实现多业务的协同发展，成为全球顶级的汽车零部件供应商之一。借助与国际顶尖企业、国内外科研院所等的技术合作，实现利用学习与探索学习的同步进行，形成能自主创造的技术研发能力。在创新网络的结构方面，合作的对象逐渐丰富、合作的内容也不断完善，网络线密集，网络规模随着节点组织的增多而不断变大。而在创新网络的关系方面，节点组织之间形成高效的学习机制，实现资源的高度共享，使得企业可以迅速消化吸收与转化外部资源和能力，彼此间的关系强度呈现强的态势，同时，创新网络在开放式的环境中，相互之间建立深厚的合作关系，不断完善的网络也为彼此带来稳定的创新能力来源，使企业创新网络在节点关系中表现出共生的特征。

（二）均胜创新网络演化过程

均胜的创新网络演化经历了起步、转化与稳定三个阶段，以及创新模式、学习类型、能力获取三个具体维度。各个维度的理论要素根据所处阶段的不同相互作用、共同演进，具体如图4-1所示。

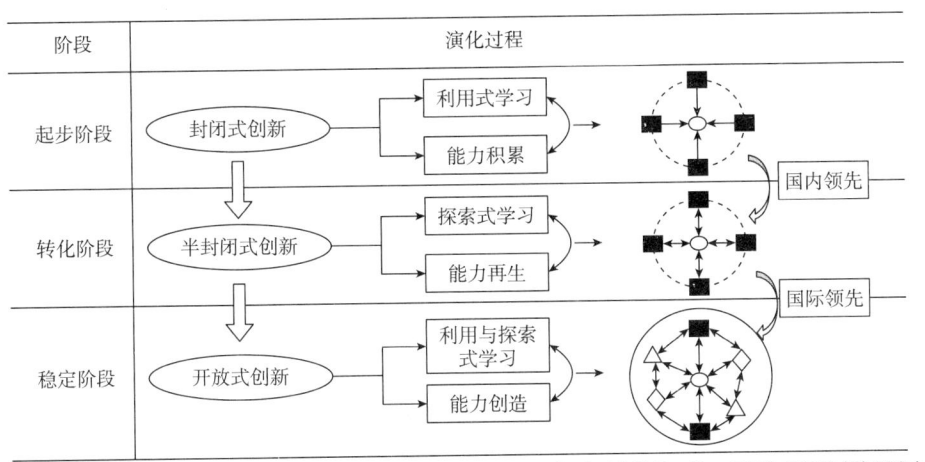

图4-1 均胜创新网络演化过程

1. 起步阶段

均胜基本上围绕自身建立创新网络，开放的程度不够深，与外部组织的合作有限，以立足市场与产品制造为企业发展目标，创新网络中彼此的关系结构十分清晰，节点组织较少，属于封闭式创新。在创新网络内，均胜通过承担简单的制造外包服务、国内收购以及与先进企业建立合作协议以引进技术三种方式，采用利用式学习，即在引进技术的过程中注重创新能力的积累，为技术创新奠定资源基础。此时，均胜电子在创新网络中进行单方面的学习,将引进的技术进行二次创新,形成能力积累。

2. 转化阶段

均胜在创新网络中的开放程度有所加深,通过进一步国际并购战略的实施以及海外市场的开拓,增加了与企业合作的对象,合作的内容也更加广泛,促进均胜本身业务能力的延伸,不同合作对象之间的接触频率、信任程度、利益关联等均较强;不同的企业在创新网络内形成相互依存的弱连接,节点组织并不能完全融入整个创新网路,相对封闭与独立,属于半封闭或半开放式的创新模式。在创新网络内部,均胜以并购的方式获得某些关键技术,采用探索式学习,即在同质化竞争严重的现状下进行快速学习并将其转化为新的能力资源,以便更好地从更有价值的资源中实现能力的提升与再生。此时,创新网络中的技术资源源于建立合作的企业之间进行短暂的技术交流,技术流向各组织之间。

3. 稳定阶段

均胜形成了以国际企业、高等院校和研发机构等为主的创新网络体系,合作对象实现前所未有地提升,开放的程度明显加深,业务也不断完善升级,实现多业务的协同发展,成为全球顶级的汽车零部件供应商之一,属于开放式创新。在创新网络内部,均胜与其他节点组织建立长期合作关系,采用利用与探索结合的学习,即一方面,加强与合作对象的引进学习,形成能力积累;另一方面,注重在学习过程中实现快速转化,这样便形成与节点组织之间的紧密合作机制,为形成自主研发能力奠定基础,进而实现能力创造的目标。此阶段,创新网络中的技术资源在各个节点组织之间进行流动,形成资源共享、优势互补的协同联盟,网络结构得到优化。

五、结论与启示

(一)研究结论

均胜通过规模并购实现国际化发展战略,在这一过程中创建比较成熟的创新网络。通过对均胜创新网络演化机制等问题的探讨,我们可以得出

以下结论:

(1) 从企业发展角度来看,企业创新网络与企业规模并购强度存在某种内在关系。规模并购可以获取企业所需要的技术知识资源,帮助企业汇集较为分散的技术能力,形成与其他组织进行合作的实力,推动企业创新网络的建立与完善。

(2) 企业创新网络与企业对外开放程度是相互促进的。一方面,越开放,合作的伙伴企业越多,企业在合作的过程中采用利用式或探索式的学习方式,能够形成更加完善的创新网络;另一方面,企业在构建与完善创新网络的过程中,能够增强企业合作吸引力,吸引更多具有实力的组织进行技术交流与合作,推动企业对外开放程度的加深。

(3) 企业创新网络的演化经过起步、转化和稳定三个阶段,不同阶段,创新网络在创新模式、学习类型、能力获取、网络密度、网络规模、关系强度和节点关系等方面表现出不同的特征。

(二) 管理启示

面对全球化趋势,均胜通过海外并购等手段积极走出去,开拓国际市场,构建了支持企业健康快速发展的创新网络,给中国企业发挥自主创新精神,走出国门,从而嵌入全球创新网络带来一定的启示。

(1) 企业规模扩张可以借助并购手段,利用海外规模并购获取海外市场与先进技术,得到与国际实力企业合作的机会,建立能够共享资源与利益的创新网络体系。尤其对于处于关键转型升级阶段的国内制造企业来说,应该从宏观的角度把握企业发展路径,采取正确的国际化进入模式,以适应全球化发展新态势,紧跟时代发展潮流。

(2) 面对日益复杂且瞬息万变的市场环境,企业在追寻技术创新资源的同时,需要认清自身情况,抓住推动企业发展的核心业务,围绕核心业务找寻市场上先进的技术资源,并主动进行学习、吸收,最终形成利于核心业务发展的自主创新能力,进而在竞争激烈的市场环境中获得持续健康的发展。

(3) 在构建企业创新网络的过程中,企业应该注意正确处理好与不同创新主体之间的关系,形成与不同主体的最佳组合,保持与各创新主体间的密切关系,以便企业能够充分发挥创新网络的作用。具体而言,根据不同创新主体间的关系强度,在不同发展阶段采用区别差异的策略,明确企业合作对象,加强企业在创新网络中的凝聚力,形成与各主体间良好的技术合作机制,获取有利于企业技术进步的各方资源。

第三节 青岛啤酒案例分析

一、啤酒制造业现状

在全球啤酒市场中,各大洲啤酒销售量存在差异(见图4-2)。具体而言,2016年,亚洲是全球啤酒消费的主要区域,西欧地区、北美洲的啤酒消费量保持平稳,彼此相差不大,非洲及中东地区正逐渐成为啤酒消费的新市场。

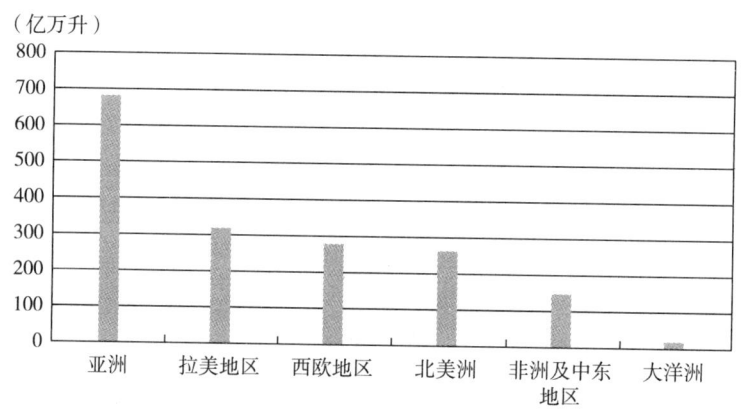

图4-2 2016年啤酒销售量

中国已经成为了世界最大的啤酒生产与消费国，但啤酒行业生产能力近年出现降低趋势，尤其是2015年以来，产量与销售量的下降速度明显[①]。究其原因，在于整个啤酒行业自成立以来大多数企业都采用以价格为主的竞争战略，而企业自身投入的资金与技术却在不断地提升，国内啤酒消费增长乏力，导致啤酒企业提价能力减弱，整个啤酒行业出现盈利不足的局面。

与生产状况不同，中国啤酒消费市场仍处于发展的阶段，人均消费量在35升左右。因为中国拥有庞大的人口基数，中国啤酒市场发展的潜力巨大，而且随着人们收入的增加，啤酒市场的份额也在不断扩大。中国啤酒市场快速增长，在过去40多年里，中国人均啤酒消费量增长率在12%左右。但相比于日本、美国、加拿大等国家，中国人均消费量明显落后。全球人均啤酒消费量约为30升，而在欧美尤其是一些喜好饮酒的国家如奥地利、捷克、德国等人均消费量已经超过了100升。

啤酒行业的内部竞争十分激烈。经过多年的发展，国内啤酒进入高速整合时期，啤酒的整合力度越来越强。2004年国内十大啤酒企业占有国内市场的55%左右的份额，而到了现在，四大啤酒企业（华润雪花、青岛啤酒、百威、燕京）年销售量共占全国市场的64%左右，这四大啤酒企业成为啤酒行业的第一集团军。行业内每天都上演着"大鱼吃小鱼，小鱼吃虾米"的现象，经过一系列的兼并整合以后，啤酒行业已经开始进入寡头时代，市场逐渐被一些大企业所控制。

二、青岛啤酒简介

青岛啤酒股份有限公司（以下简称青岛啤酒）成立于1903年，由英国和德国商人出资合办，是我国第一家在海外上市的企业。成立后的青岛啤酒依靠雄厚的资金支持，实行兼并收购策略，运用多种资本运作形式，

[①] 资料来源：2016年中国啤酒行业发展现状分析，http://www.chyxx.com/industry/201604/406104.html。

将国内的 50 多家小型啤酒生产基地兼并①，实现全国性的制造布局。全球啤酒行业权威报告 Barth Report 依据产量排名，青岛啤酒为世界第五大啤酒厂商。根据青岛啤酒 2017 年财报，其营收 262.77 亿元，同比增长 0.66%，发展实力强大。

（一）独特产品酿造味美国液

青岛啤酒以"风味纯净协调，落口爽净，具有淡淡的酒花和麦芽香气"的口味特色捕捉到众多粉丝。青岛啤酒注重原材料的选用，形成了自己特有的原材料工艺。青岛啤酒采用进口优质大麦，经过独特的制造工艺进行加工制造，酒花采用优质新鲜的青岛大花和优良香花，为了保证大米原材料的新鲜度，青岛啤酒使用最先进的大米保鲜技术，酒花来自青岛啤酒自己酿造的酵母。啤酒经过 30 天左右的时间发酵而成，并利用最先进的保鲜技术，实现对啤酒的时刻保鲜。

（二）顾客导向的营销理念

青岛啤酒认为，由于消费者能够对产品品质进行认知，消费者的信念来源于自身，这将对企业的未来发展产生重要的影响。基于此，青岛啤酒提出了一系列营销理念，其中最具影响力的是"顾客价值导向"的营销模式，这种模式认为企业的一切活动（包括营销理念现代化、营销管理现代化、产品物流现代化、销售网络现代化等）应该以顾客为中心，旨在为顾客提供高质量的产品与服务。青岛啤酒认为，要想获得消费者的认可，获取市场竞争优势，产品质量是企业不容忽视的一个重要环节。这种营销理念助推青岛啤酒的发展，使得青岛啤酒得以成为我国重要的啤酒生产企业之一。

青岛啤酒认为，企业的成功离不开对消费者忠诚度的塑造，这也是企业能保持百年持续发展的一个重要前提条件。为了树立消费者对青岛啤酒的忠诚度，青岛啤酒打造了以下营销理念：第一，长久发展的要点在于探索获取消费者忠诚的有效途径，为实现这一要点，青岛啤酒必须实现从 3A

---

① 资料来源：青岛啤酒股份有限公司官网，http://www.tsingtao.com.cn/index.shtml。

（即消费者对于青岛啤酒买得起、买得到、买得开心）向3P（即青岛啤酒无处不在、是消费者的首选、使得消费者感到物有所值）的完美转变。第二，长久发展的另一要点在于放弃价格竞争获取优势，更应该在产业链或价值链上进行探索，如控制某关键环节、收购兼并等，保持行业健康发展，在合理竞争的范围内为消费者提供一个舒适的市场环境。

（三）领军国际市场

品牌国际化是青岛啤酒战略发展目标。青岛啤酒是国内最早进入国际市场的产品之一。青岛啤酒在成立后更开始将品牌培育聚焦于全球，多次在国际品酒会上荣登榜首，并多次获得国际金奖，在世界啤酒界打响了招牌，不仅成为国内响当当的品牌，更让世界看到了青岛啤酒。

1972年，青岛啤酒开始制定策略进入美国市场，为了完全打开美国市场，青岛啤酒在1981~1987年先后三次参加美国举办的品酒会，经过数百种啤酒的匿名评比，青岛啤酒都获得了不错的名次。青岛啤酒借助在品酒会上的夺目表现，获得了世界500强企业Crown公司的青睐，双方达成合作协议，青岛啤酒将在美国的销售代理权授予Crown公司，该公司利用其强大的销售渠道和市场份额，帮助青岛啤酒"走出唐人街，走向全世界"。1988年，借助Crown公司的力量，青岛啤酒在美销售量达到了124万箱，一举成为美国市场上最大的亚洲啤酒生产商。1992年，青岛啤酒开始将目光转向欧洲等市场，首先在意大利建立办事处，成为开拓欧洲市场的起点。1994年，青岛啤酒将欧洲办事处转移至法国巴黎，并成立青岛啤酒（欧洲）贸易有限公司，开始在欧洲市场投资建厂。10多年后，青岛啤酒在欧洲的销售量比1997年时增加了80%，在欧洲市场取得了不错的成绩。

2002年，为了进一步加快国际化发展步伐，青岛啤酒与全球规模最大的啤酒制造企业安海斯—布希公司（A－B）签署《战略性投资协议》，根据协议，青岛啤酒将后者作为战略合作投资者，在投资过程中，双方进行了相关实践活动，完成了技术知识库的对接，进一步提升了青岛啤酒的产品研发能力，也对青岛啤酒的国际化发展产生了一定的影响。基于国际影响力,青岛啤酒成为 2008 年北京奥运会的赞助商,进一步提高了青岛啤酒的国际知名度。

(四)上市以来发展策略的两次转变

1993 年,青岛啤酒在香港联合交易所有限公司上市,成为首家在香港上市的中国 H 股,同年 8 月 27 日在上海证交所上市。上市以来,青岛啤酒经历了两次发展战略的调整。

第一阶段,做大做强阶段。1993 年,青岛啤酒借助收购兼并的方法不断做大做强企业,开辟出国内大部分市场。青岛啤酒"做大做强"理念的精髓在于通过不断并购实现对市场的延伸,尤其打开一直被其他企业所忽视的大众市场。1993~2001 年,青岛啤酒先后完成了 40 余项收购兼并活动,制造基地遍布全国各省市,企业规模不断扩大,生产数量也由 1996 年的 35 万吨上升至 2001 年的 251 万吨,5 年时间实现 7 倍之多的数量增长,一举成为国内规模最大的啤酒生产企业。除了生产数量的直线上升外,青岛啤酒的销售数量也不断增多。2001 年,青岛啤酒市场占有率达到 11%,成为国内市场最大的啤酒生产企业。

虽然青岛啤酒市场占有率获得了一定的增长,但其在大众市场非但没有获益,反而连年亏损,2001 年,青岛啤酒市场亏损已达 7000 多万元。除了市场亏损之外,由于前期进行了大规模并购,青岛啤酒的管理与经营成本不断上升,加重了企业的财务负担。

第二阶段,做强做大阶段。认识到前一阶段由于盲目扩张引起的管理不适应问题,青岛啤酒再次进行了战略调整。从 2001 年开始,青岛啤酒开始从"做大做强"转向"做强做大"战略,所谓"做强做大"是指青岛啤酒将通过系列措施推动企业内部改革,提升青岛啤酒内部竞争实力,从企业内部进行改变。为了适应"做强做大"战略实施,青岛啤酒制定了架构重组、品牌重组、减缓收购、放权下属机构等措施,在一定程度上缓解了"做大做强"阶段由于过分扩张引发的问题。到了 2008 年,青岛啤酒重焕光彩,凭借其在行业中良好的品牌形象和较高的品牌影响被评选为"中国最佳信誉品牌",获得了社会的认可。

三、青岛啤酒创新网络发展历程

青岛啤酒关键事件如图4-3所示。

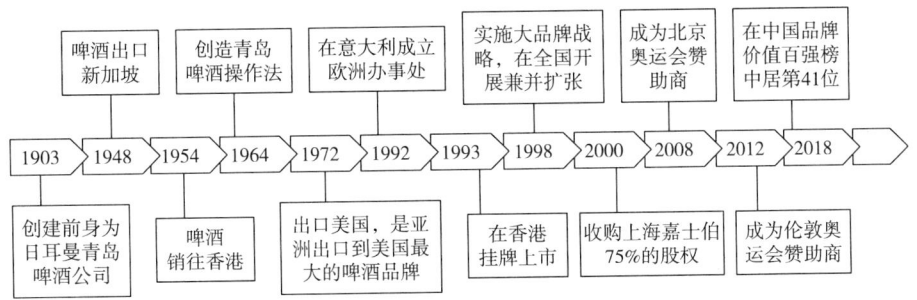

图4-3 青岛啤酒发展过程中的关键事件

资料来源：根据企业官网数据整理。

（一）起步阶段（1903~1997年）

青岛啤酒是中国最早踏上国际化道路的企业。1903年，青岛啤酒作为英德两国商人的合资企业在山东青岛建立，成为最早开始啤酒生产的企业之一，借鉴英德的技术，企业以生产淡色啤酒和黑色啤酒为主。成功投产后，企业就开始探索出口之路。1906年，企业生产的啤酒在慕尼黑博览会上展出，获得金牌奖，一度成为国外顾客喜爱的啤酒，为啤酒出口奠定口碑基础。1916年，日本从英德手中购买下企业，并从日本国内选派专业的人员到企业进行生产与管理工作，提高了企业生产的效率。

1945年，企业由中国政府接手，为了保证企业的正常运转，留用人员295名，征用日籍技术人员8名。重新步入正轨后的企业并没有与国际市场脱节，而是致力于打通周边国家或地区市场。1948年，第一批真正的青岛啤酒出口至新加坡，成为该地最为重要的啤酒供应商。同时，为了摆脱原材料供应不足的问题，1950年，青岛啤酒在青岛市郊崂山县创建了酒花生产试验场，试种了32亩酒花，获得成功。之后开始大规模进行自主酒花生产，彻底摆脱依赖国外进口的问题。1954年4月，首批500箱（4打装)青岛啤酒发往香港地区,香港地区是青岛啤酒进军东南亚市场的"跳板"。为了进一步提升啤酒生产能力,青岛啤酒在原有基础上,于1964年创造了著名的"青岛啤酒操作法",该方法在全国啤酒行业得到大力推广。

1972年,中美两国恢复建交,为企业进入美国市场提供了便利的条件,青岛啤酒抓住时机开始寻求进军美国市场的道路,到了1988年,青岛啤酒一跃成为全亚洲出口美国啤酒数量最多的企业,成功撬开美国市场。随后,青岛啤酒继续扩张全球市场版图,1992年,在意大利成立欧洲办事处,作为进军欧洲市场的先行军,很快在西欧建立多个海外经销地。至此,青岛啤酒已经拥有港澳区、亚太区、美洲区与西欧区等市场,成为世界知名啤酒品牌。凭借着强大的发展实力,青岛啤酒于1993年在香港交易所正式挂牌上市。

(二)转化阶段(1998~2008年)

上市以来,为了寻求更大规模的发展,青岛啤酒开始实施"大名牌发展战略",并作为啤酒生产企业最先在全国范围内进行兼并,以实现规模的快速扩张。1998~2001年3年间青岛啤酒先后进行了40多项兼并活动,获得17个省市的生产制造权,成为国内年产量最高的啤酒企业。但这种盲目的扩张使得青岛啤酒运营与管理成本上升,严重拖累企业发展。好在企业管理层认识到问题的严重性,及时调整思路,着力推行改革,提升公司的内部核心竞争力。其间,青岛啤酒与当时全球规模最大的啤酒制造商美国安海斯—布希公司(A–B)签署《战略性投资协议》,引入A–B为战略投资者,形成合资关系。

在形成国内生产基地以后,青岛啤酒寻求大陆以外地区的生产基地。2005年,青岛啤酒在台湾高雄组建了啤酒生产基地,标志着青岛啤酒实现生产的转移。2006年,青岛啤酒与佛罗里达啤酒有限公司建立战略合作,实现在美国市场生产与营销为一体的目标。

同时,该阶段是青岛啤酒实施扩张并购的重要时期,高潮发生在1999~2000年,在这段时期,平均每个月就会发生一起并购案。其中最具影响力的是,2000年,青岛啤酒集团以1.5亿元人民币收购了上海嘉士伯

75%的股权,青岛啤酒成为了上海嘉士伯新的控股股东。青岛啤酒还完成了对南宁万泰的收购。在这一阶段以横向收购为主。

(三) 稳定阶段 (2009年至今)

此阶段,青岛啤酒实行整合与扩张并举的手段引进外部资源,整合内部发展能力。经过前一阶段的并购整合,青岛啤酒经营能力明显上升,远销美国、日本、德国、法国、英国、意大利、加拿大、巴西、墨西哥等世界70多个国家和地区,在国内拥有60多家下属生产企业,分布于全国各地区,总产能达到约800万吨。自2009年以来,一方面深耕国内及港澳地区市场,另一方面,将海外市场在各地区采用不同的销售策略与经营手段,以满足不同区域啤酒消费的个性差异,进一步加强与海外经销商的联系对全球市场的管理。2012年,青岛啤酒成为伦敦奥运会的赞助商,进一步加强在全球市场上的品牌影响力。

四、青岛啤酒创新网络分析

(一) 青岛啤酒创新网络演化阶段特性

由案例可以发现,青岛啤酒在三个阶段的创新模式经历了一个由封闭式向半封闭式再向开放式创新转变的过程。在三个阶段的知识学习机制与获得的能力各不一样。企业创新网络演化过程中的结构特征与关系特征如表4-2所示。

表4-2 青岛啤酒创新网络演化阶段特征

		起步阶段	转化阶段	稳定阶段
创新模式		封闭式创新	半封闭式创新	开放式创新
学习类型		利用式学习	探索式学习	利用式与探索式学习
能力获取		能力积累	能力再生	能力创造
结构特征	网络密度	稀疏	较密集	密集
	网络规模	较小	较大	大
关系特征	关系强度	较弱	较强	强
	节点关系	离散	平等	共生

1. 起步阶段

青岛啤酒一开始作为外资企业在国内建立,作为啤酒制造基地获得外部制酒技术学习的机会;中华人民共和国成立以后,青岛啤酒在原有发展的基础上专注海外啤酒市场,打通了周边市场、美国市场和欧洲市场,建立全球经销商,但很少进行技术合作,只是作为啤酒供应商参与到国际合作中,合作内容有限,主要进行封闭式创新。青岛啤酒在这一阶段的技术创新能力主要是依靠早期技术积累形成的,采用利用式学习,将内部技术进行整合学习来维持现有经营能力。在创新网络的结构特征方面,青岛啤酒合作的外部组织较多,逐渐遍布全球,但仅限于市场进入合作,技术交流涉及较少,因此其网络密度较稀疏,形成的网络规模也较小。在创新网络的关系结构方面,与合作对象合作的内容有限、较为单一,并不涉及技术方面的合作,彼此的关系较弱,呈现离散的状态。

2. 转化阶段

青岛啤酒在进行大规模兼并之后,进行整合调整,首先进行快速并购,获得多家下属企业;而后对并购后的企业进行整合,收集有利于企业发展的技术资源,创新模式得到转变,进行半开放式创新和探索式的学习,以实现啤酒高效生产能力的形成。在创新网络的结构特征方面,青岛啤酒几乎每月都会并购1家企业,与企业的联系较为频繁,合作的企业明显增多,此时其网络密度较为密集,网络的规模也较大。在创新网络的关系特征方面,青岛啤酒不再局限于市场的进入合作,开始将合作内容延伸至技术交流与整合,逐步形成可以维持企业大规模生产的能力,所以其与合作对象的关系较强,逐渐呈现平等的关系。

3. 稳定阶段

青岛啤酒以实现规模整合与扩张并举的方式获取外部知识资源,以更加开放的姿态与国际上的企业建立长期合作关系,实现开放式创新的模式。在开放的环境里利用外部技术,吸收学习并消化成为企业自身的创新能力,进而形成探索学习的能力,形成自主创新的机制,实现能力再造。在创新网络的结构特征方面,青岛啤酒基于前期的积累进入全球市场,充分利用国际先进技术成为全球认可的啤酒品牌制造商,合作的企业在数量与质量上都达到了一个新的高度,其网络线密集,构建起强大的网络规模。在创新网络的关系结构方面,青岛啤酒与国际企业构建起集技术研发、生产制造与销售运输等为一体的创新网络,推动企业成为全球知名啤酒制造企业,其构建的创新网络关系性进一步加强,各企业之间形成共生的关系。

(二)青岛啤酒创新网络演化过程

青岛啤酒的创新网络演化经历了起步、转化与稳定三个阶段,并可以具体分为创新模式、学习类型、网络形态和能力获取四个维度分析其创新网络的具体演化过程(见图4-4)。

	阶段一:起步阶段	阶段二:转化阶段	阶段三:稳定阶段
创新模式	封闭式创新 ◇ 技术引进消化 ◇ 开拓海外市场	半开放式创新 ◇ 大量收购 ◇ 建立初步战略合作	开放式创新 ◇ 市场细分 ◇ 差异化战略
学习类型	利用式学习	探索式学习	利用式与探索式学习
网络形态	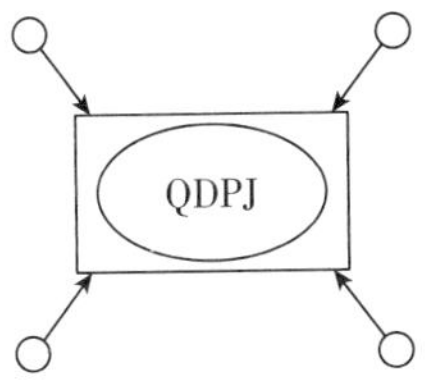 (图示)	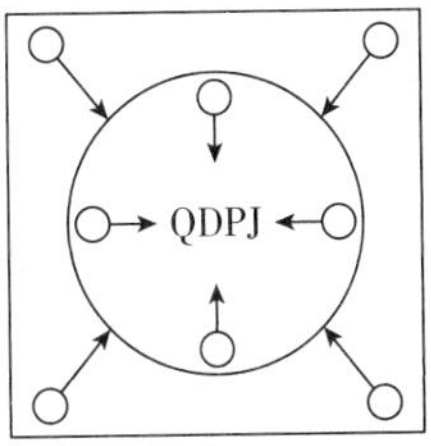 (图示)	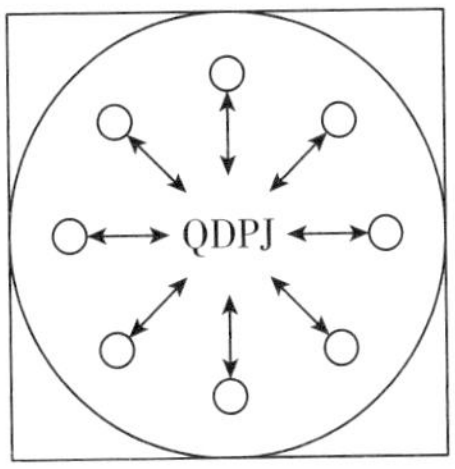 (图示)
能力获取	能力积累	能力再生	能力创造

注:QDPJ表示青岛啤酒股份有限公司;○表示与青岛啤酒合作的国内外企业、科研机构、高等院校等;单、双箭头表示技术资源流向。

图4-4 青岛啤酒创新网络演化过程

1. 起步阶段

青岛啤酒最初以外资企业的形式建立,先后经过英德和日本人的管理，得以引进世界上最先进的啤酒制造技术，生产的啤酒得到世界消费者的认可。1949年后，在中国政府的扶持下，青岛啤酒加强海外市场进入力度，主张将青岛啤酒带到周边市场、美国市场和欧洲市场，由此构建起全球啤酒营销网络。青岛啤酒在走向海外市场中也获得技术启发，主张对海外知识型资源进行利用式学习，形成外部技术资源向青岛啤酒的单向流动，在企业内部进行封闭式创新，并对此进行消化吸收，维持并扩大市场份额，实现技术优势，提升企业生产能力，由此构建了"青岛啤酒操作法"。

2. 转化阶段

青岛啤酒转变企业发展战略，进行大规模兼并扩张和建立战略合作关系。为了提升企业产品延伸发展能力，青岛啤酒进行探索性学习，在同质化竞争严重的情况下，通过合并方式实现快速学习与转型，以便更好地获取更具价值的资源。青岛啤酒通过大规模并购以资源换取技术，构建起与外部企业资源共享的协同整合模式，实现半开放式创新。在新的创新模式下，青岛啤酒实现对资源的整合与重构，积极与并购企业进行技术交流与互补，在技术研发实力上取得可喜的成效，促进企业技术多元化发展，实现产品升级，构建创新生态系统。

3. 稳定阶段

青岛啤酒对已有市场进行细分，在细分市场中推行差异化战略，实现能力创造与市场领先目标，形成自主创新意识与能力。为了更好地实现与创新网络中主体之间的合作与企业内部管理效率的提升，青岛啤酒加大开放力度，实行开放式创新，将利用式与探索式学习融合，形成以青岛啤酒为中心的创新模式与创新网络形态，提升自主创新的能力。

五、结论与启示

（一）研究结论

青岛啤酒通过并购整合获取行业技术发展的关键资源，构建的创新网络推动企业跨步前进。近年来，其发展速度明显加快，成为行业发展的追赶目标。通过对青岛啤酒的案例分析，我们可以得到以下结论：

1. 企业创新网络的动态演化与企业创新模式演化具有相互推动关系

一方面，企业在构建创新网络过程中，合作对象会经历一个由封闭向开放、由少至多的变化过程，推动企业由封闭式创新向开放式创新转变；另一方面，企业为了获得高于行业平均水平的技术研发能力，会不断进行创新探索，经历由封闭式创新向开放式创新转变后，与其合作的对象和内容也会发生变化，推动企业创新网络由低级向高级形态推动。

2. 企业创新网络演化过程中企业与节点组织的技术流向由单方向转变为双方向

随着企业创新网络的演化发展，企业的创新模式和学习方式也会发生相应变化，即由封闭式转变为开放式、由利用式学习向探索式学习转化，企业也由最初的"点对点"式单方面技术引进向"多对多"的技术共创演变，由此推动企业与外部合作企业的合作方式发生变化，企业开始与更多的企业合作，而且合作的内容更加丰富多样，形成能够资源共享、优势互补的创新网络。

(二) 管理启示

一个成功发展的企业案例总能够带给其他企业许多思考与可借鉴经验。青岛啤酒的成功成就了自己，更成就了整个啤酒行业甚至整个制造业。思量青岛啤酒创建技术研发体系的这一路，我们得到以下启示。

1. 企业应消化吸收所引进的先进技术

技术是企业实现转型升级和快速发展的关键所在，对于可以促进企业进步的创新资源，企业应对其进行引进学习，以免脱离行业发展方向，失去发展动力。除此之外，企业对于引进的技术应该不断进行理解、消化和吸收，进行二次创新，以便真正将其转变为适合企业自身发展的自主创新能力，这才是关键所在。

2. 企业应该根据自身发展需求选取合适的技术合作对象

在企业创新网络的演化过程中，企业合作的对象会有所差异，体现由小企业转化为大企业、由数量少转变为数量多的趋势。在这一过程中，如何选择合适的合作组织是企业获取知识资源需要关注的一个重要因素。初期，企业为了引进技术的便利性，可以与和自身发展实力相当但拥有差异性技术的企业建立合作关系，发展到一定时期，为了提升自身技术创新能力，企业应该大胆创新、敢于寻求与国际顶尖企业的合作，带动企业技术的快速进步。

第四节　山东如意案例分析

一、纺织业发展现状

纺织业是我国的一大传统产业，作为最早进行纺织生产的国家，纺织产业已然成为我国的一大特色产业，我国也已经成为了世界上出口纺织品最多的国家，对我国国民经济的发展产生了深远的影响。2014年以前，我国纺织品出口总额稳步增长；2015~2016年，我国纺织品出口额呈现负增长的态势；但到了2017年，我国纺织业开始逐渐回升，工业增加值不断攀升；2017年前半年，我国纺织服装出口额达到1240.5亿美元，同比增长2.1%，内销增速也有所加快，1~6月全国限额以上服装鞋帽针纺织品零售额同比增长7.3%，较上年同期加快0.3%。

虽然中国纺织业一直处于不错的发展过程中，但中国纺织业实际上已经进入了变革关键时期（王俊帆和刘松涛，2015）。2015年，我国颁布相关文件，旨在推动我国传统制造企业加快转型升级的步伐，纺织业是传统制造业，正处于转型升级的关键阶段。《纺织工业"十三五"发展规划》的发布，为我国传统纺织行业的转型发展指明了方向，根据该发展规划的思想，我国纺织业将会向数字化和智能化方向转型升级，鼓励我国纺织企业引进先进的智能生产设备。近年来，由于政策的正确指引和企业的不懈努力，我国纺织制造行业的转型升级取得了可喜的成绩。例如：中国纺织品信息中心、国家纺织产品开发中心依托CNCS色彩体系,采用码隆科技的人工智能视觉识别平台,进行时尚色彩研究;棉纺智能化纺纱生产线、自动化全成型针织生产线、印染在线检测自动配送系统、化纤自动包装、服装智能仓储系统等在行业内已实现应用;双驰企业为旗下门店配备3D脚型扫描仪;七匹狼在门店中安装和推广3D试衣镜;等等①。

目前,我国纺织制造企业也面临着来自各方的压力与挑战,具体体现在:第一,消费者选择倾向的改变,据工信部信息显示,自2014年以来我国居民境外消费水平不断提升,其中购买的纺织品数量居多,主要原因在于,现阶段,我国纺织品牌相对发达国家较少、设计水平较低。第二,劳动力成本增幅高于生产力提升,我国劳动力成本不断上升,已经明显高于东南亚等发展中国家,根据德勤发布的报告显示,2005~2015年,我国劳动力价格上涨了5倍之多,成为增长速度最快的国家之一,这使得一些外资企业将资本投入转入东南亚等国家,我国纺织企业获得的外资投入不断减少。第三,技术相对落后。相比于发达国家,我国制造业技术水平普遍较低,尤其纺织业处于传统制造模式,先进技术投入不足,使得我国纺织业的技术远远落后于制造强国,引进生产设备的技术创新模式明显很难适应当今市场发展需求,难以实现自主创新带来的巨大功效(张吉,2017)。

二、山东如意简介

山东如意科技集团(以下简称山东如意)成立于1993年12月,其前身是1972年成立的济宁毛纺厂,是多元持股的大型中外合资企业、国家级高新技术企业、纺织产业突出贡献企业、全国纺织十佳经济效益支柱企业、中国毛纺织最具竞争力十强企业、山东省百家重点企业集团。拥有广泛的产业线,涉及兔毛纺纱、服装、棉纺织、棉印染、针织、纤维、牛仔

---

① 资料来源:中国品牌服装网,http://www.china-ef.com/。

布、房地产等产业，资产总额达到65亿元①。

（一）如意文化

山东如意十分注重企业文化，源于儒家经典的"人际亲和"理论构成山东如意的文化核心理念，试图用独特的民族文化孕育民族产业，用民族精神塑造民族品牌，实现民族文化与世界文化的融合。

1. 如意价值之道

山东是孔子的故乡、儒家文化的发源地，也是古丝绸之路的源头。创建于山东的如意集团深受儒家等中国传统文化的影响，不断承袭着博大精深的儒家文化。山东如意以对儒家精神的传承为根基，形成德载品质、竞显卓越、从严求实、至诚至善的企业信念，推动企业实现产业化、高端化、国际化与品牌化。今天的山东如意已经成为中国纺织企业的领头企业，是拥有多项国家专利和世界顶级技术、中国A股、日本东京主板两家上市公司的全产业链大型集团。

2. 如意人才理念

山东如意深信，只有无用的管理，没有无用的人才。"纳"与"育"是其重要人才理念。"纳"即广纳人才：与各大高校建立人才合作，不断为企业发展注入新鲜的血液，造就了一支不断成长、规模较大、专业结构合理的人才团队。"育"即培育或发展人才：先后有针对性地培养了近百名专家、博士、硕士、中高级工程师等专业技术人才，其中有"国家科技进步奖"获得者、国家有突出贡献中青年专家、享受国家政府特殊津贴、被授予"省市专业技术拔尖人才"品牌科技人员，他们已成为国内行业学科带头人；山东如意让数名企业管理人员进入清华、北大、复旦及人大等名校EMBA课堂，选送多名青年才俊参加高校研究生班学习，每年多批次派遣中高级人才赴欧美研修，同时，建立了自己的企业学院和培训中心，鼓励员工参加内部从中专到本科的各层次学历教育，定期对员工进行专业培训，使员工队伍整体素质得以提高。

---

① 资料来源：山东如意科技集团官网，http://www.chinaruyi.com/content/rd/。

(二) 如意科技

面对日益激烈的市场竞争环境，山东如意坚持以"不断变革，持续创新"作为企业的核心竞争力，形成以技术研究院为核心，以智能制造为手段的科技发展途径。如意技术研究院拥有世界最先进的纺织染设备，个性化智能化的生产工艺流程，其全过程信息化可视化数据无缝链接技术，是一个时尚的智慧工厂。2001年，山东如意在济宁市高新技术产业开发区投资兴建了如意高新技术工业园，占地1000亩，园区分为高新技术纺织材料区、功能化服装区、其他高新技术产业区、研发中心等。为实现"互联网+"下的智能化、数字化、信息化的千亿级时尚产业集团，如意研究院研发了3D打印服装技术、服装个性化数字化定制等一批国际领先、行业共性的先进技术，实现研发、生产与营销的完美对接。在智能制造方面，山东如意坚持"生态智能"发展，构建生态纺织产业示范园，以"点菜式"引进法国、德国、意大利等国际先进水平的自动化智能纺纱系统，纺、织、染设备及配套的测试仪器等，实现清梳联、精梳自动棉卷输送、粗细络联、自动包装及全流程质量在线检测、控制和全厂数字化管理。

(三) 如意国际格局

山东如意扩展产业链，开始将触角延伸到产业上下游，整合国内13个园区，形成以毛纺、棉纺为核心的完整产业链。在巴黎、米兰、伦敦、东京四大国际时尚之都，山东如意均设立了国际领先的设计研发平台，吸收国外先进设计技术。同时，山东如意将日本Renown株式会社、法国SMCP服装品牌集团等国际知名时尚品牌纳入其中，获得的不仅是优良的品牌资产，更可贵的是积淀数十年以至上百年的管理经验与人才资源。在原料端，澳大利亚卡比棉田、罗伦杜牧场等智能化国际化园区为山东如意提供最优的原料支持。

山东如意通过一系列的整合并购建立国际格局。从2003年开始，通过国内市场并购整合，建立在国内的影响力。2003~2007年，山东如意先后收购德州临邑澳泰纺织、汶上凤凰纺织集团、重庆万州海康纺织、重庆南岸三棉，组建临邑澳泰牛仔布、汶上如意集团天容、重庆如意三峡技术纺织、重庆如意纺织等多家全资公司，奠定在国内市场发展壮大的根基。山东如意并不满足于国内市场，还通过一系列的海外并购建立海外市场的布局。2010年，收购日本著名的成衣厂Renown，标志着企业开始向产业上下游延伸，为其向服装制造与销售转型奠定基础；2013年，收购澳大利亚库比棉场，为其提供充足的原料；2016年，收购法国轻奢品牌SMCP SAS多数股权，旗下Sandro、Maje、Claudie Perlot三大轻奢服饰品牌成为山东如意系品牌；2018年2月9日从欧洲投资巨头JAB Holding Co手中收购瑞士奢侈品公司Bally International AG的控制性股权，进一步完善了企业的国际格局。

三、山东如意创新网络发展历程

山东如意关键事件如图4-5所示。

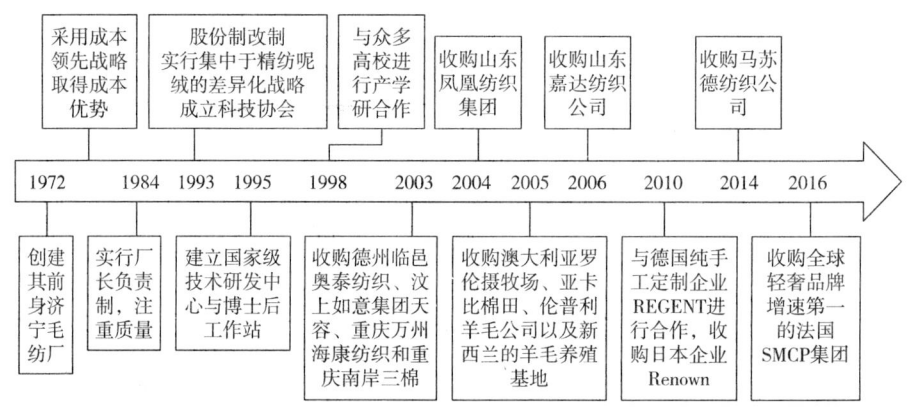

图4-5 山东如意发展过程中的关键事件

资料来源：根据企业官网数据整理。

（一）起步阶段（1972~2002年）

1972年，山东如意的前身济宁毛纺厂成立，当时企业技术水平落后，生产效率明显不高。1972~1984年，山东如意采用成本领先的战略，极力扩大生产规模，通过粗纺量产实现规模经济，不断获得领先优势，在扩张过程中，充分利用相关政策机会，积累了一定的技术与资金基础。

随着山东如意规模的扩大与竞争能力的提升，加之纺织行业开始高度同质化，山东如意寻求战略的转变与研发能力的提升。为了获取长久的发展能力，山东如意在原有技术与人力资源的积累基础上，实行产品差异化战略和技术研发战略。1984 年，实行厂长负责制，开始注重产品质量。1993 年，股份制改制以后，将企业定位为高端产品服装面料企业，集中于精纺呢绒的差异化战略。1993 年，山东如意牵头组建了科技协会，并由董事长担任协会主任，在这个阶段，山东如意不断加大研发的资金投入，引进先进设备，为后续的技术创新奠定了重要的基础。1995 年，山东如意建立国家级技术研发中心与博士后工作站，与英国的布莱顿大学、皇家艺术学院、香港理工大学、西安工程大学等建立长期合作关系，同时，注重与高等院校、研发机构的技术合作。1998 年，山东如意与中国纺织大学以及其他科研院所、大专院校等进行产学研的合作，主动将科技成果转化为生产能力，促进企业产品开发能力提升，提高了企业的经济效益。

20 世纪 90 年代后期，国有企业改制达到高潮阶段，面对潜在的危机，山东如意于 1997 年开始创建集技术、生产、销售于一体的结构，实行一体化战略以增强如意品牌的竞争力。此后，山东如意精简主业，剥离不成熟的业务，成立房地产公司、进出口公司、电脑公司等，确定以精纺呢绒为主体的主营业务，并确定加大对主营业务研发与资金投入的战略要求，进一步提升了企业的发展能力。2002 年，山东如意再次进行改制，由国有企业转变为多元持股的中外合资企业，激活了企业发展的活力。

（二）转化阶段（2003~2009 年）

随着企业业务的不断成熟与企业的快速发展，山东如意寻求更为广泛的业务资源，以降低过度集中于毛纺细分行业带来的风险。从 2003 年开始，企业在国内进行收购整合，实施相关多元化战略。2003 年完成对德州临邑奥泰纺织、汶上如意集团天容、重庆万州海康纺织和重庆南岸三棉等公司的并购，重组后决定进行业务延伸，进军牛仔布行业。2004 年，山东如意收购山东凤凰纺织集团，后者是我国生产能力最强的棉纺企业之一，此次收购标志着山东如意开始进军棉纺产业。2005年，山东如意投资鲁意高新纤维有限公司，意味着开始进军以氨纶为主的新型纤维制造。同年，山东如意收购了澳大利亚罗伦摄牧场、亚卡比棉田、伦普利羊毛公司以及新西兰的羊毛养殖基地，实现羊毛服装产业链原料的自给自足。2006年，山东如意收购山东嘉达纺织公司，后者是我国重要的纺织印染公司，实力强大，此次收购进一步增强了山东如意的纺织印染能力。2008年，山东如意毛制西服套装获国家"出口免验"资质，其生产质量获得了国家的认可。2009年10月，山东如意荣膺"60年难忘中国纺织服装精品品牌"，成为国内最具影响力的纺织品牌。

（三）稳定阶段（2010年至今）

此阶段，山东如意加大收购的力度，将收购合作的目光投向海外企业。2010年，与德国纯手工定制企业REGENT签订战略合作协议，旨在打造企业高端品牌制造，形成一系列深受欢迎的高端服装品牌。同年，以3.2亿元人民币收购日本东京上市服装企业Renown株式会社的41%股权，并通过品牌改造、产业协同与经营模式改革等措施，使得Renown株式会社由过去的亏损逐渐转为盈利的局面。2014年，收购马苏德纺织公司，马苏德纺织公司是一家垂直整合的纺织厂，拥有室内纺线、面料印染、加工、洗涤与服装制造设施，逐渐为山东如意提供了更加先进的技术。2016年，以13亿欧元收购了全球轻奢品牌增速第一的法国SMCP集团，2017年10月，拥有82%股权的法国SMCP集团在巴黎泛欧证券交易所挂牌，体现出"境外并购+境外多地上市"模式的成功组合。至此，山东如意已拥有国内A股（如意集团）、日本东京主板（日本Renown）及巴黎泛欧证券交易所（SMCP集团）三家上市公司。

四、山东如意创新网络分析

（一）山东如意创新网络演化阶段特征

案例发现，山东如意在三个阶段的创新模式经历了一个封闭式向半封闭式再向开放式创新转变的过程。在三个阶段的知识学习机制与获得的能力各不一样。企业创新网络演化过程中的结构特征与关系特征如表4-3所示。

表4-3 山东如意企业创新网络演化阶段特征

		起步阶段	转化阶段	稳定阶段
创新模式		封闭式创新	半封闭式创新	开放式创新
学习类型		利用式与探索式学习	利用式学习	探索式学习
能力获取		能力积累	能力再生	能力创造
结构特征	网络密度	稀疏	较密集	密集
	网络规模	较小	较大	大
关系特征	关系强度	较弱	较强	强
	节点关系	离散	平等	共生

1. 起步阶段

山东如意经历了由成本领先战略到差异化战略和研发战略再向一体化战略的转变过程，对公司内部发展进行了长时间的探索，与外界接触较少，属于内部封闭式创新。在学习类型上，山东如意通过战略创新，前期实行成本战略，扩大了企业规模，形成进一步发展的能力基础；中期实行差异化战略与研发战略，提升产品质量与技术含量，这两种战略为其发展积累了大量的资源基础。后期，山东如意实行一体化战略，进行业务与公司体制的探索，实现快速学习与转型，以便获得从异质性节点中获取更高价值的资源，所以这一阶段属于利用式与探索式学习阶段。创新与学习的过程使得山东如意规模得到提升、技术研发得到增强，实现能力的积累。在创新网络的结构特征方面，此阶段山东如意属于企业内部创新，与外界有少量的设备引进、研发合作，但合作次数有限，合作对象很少，导致企业创新网络的网络线密度较稀疏，网络规模也较小。在创新网络的关系特征方面，山东如意与合作的研发机构、高等院校等刚刚建立合作关系，合作内容有限，尚不具体系与规模，与之合作的强度较弱；合作对象之间关系较弱,很容易被其他组织所取代,因此创新网络的节点关系呈现出离散的状态。

2. 转化阶段

山东如意主要对国内同行企业进行并购整合,获取行业中的知识、信息以及技术等资源的支持,提升了品牌影响力,开放的程度有所上升,属于半封闭式创新。在对同行企业进行整合过程中,山东如意对零散的技术进行利用式学习,形成技术研发资源的积累,将业务领域拓展到牛仔布、氨纶、服装印染等,实现能力再生的目标。在创新网络的结构特征方面,山东如意主要通过对国内同行企业的并购整合策略实现一定的开放,延伸下游产业链,与更多的节点组织建立合作,其网络密度逐渐密集,网络规模也随之扩大。在创新网络的节点关系方面,山东如意通过同行企业的并购整合,加强与节点组织的合作关系,帮助其实现多元化战略的转变,其关系强度进一步加深,同时,各主体之间进行协同创新,实现共同发展,网络节点关系呈现平等的特征。

3. 稳定阶段

山东如意实施海外并购整合,实现"境外并购+境外上市",属于开放式创新。在对海外企业进行整合的过程中,能提升企业在海外市场的影响力,探索海外市场与技术,实现探索式学习,其结果是使得山东如意成为国家级高新技术企业、纺织产业突出贡献企业,拥有了自主创造的能力。在创新网络的结构特征方面,山东如意形成海内外各层次的合作体系,合作的对象多且实力强大,其网络线密集,网络规模大。在创新网络的关系特征方面,山东如意对海外企业进行并购整合,相互之间能够高效学习与共享资源,极易吸收与转化对方能力,网络节点呈现平等的关系,同时,网络主体之间建立了深厚的合作机制,相互高度认可,形成强的网络关系。

(二)山东如意创新网络演化过程

山东如意的创新网络演化经历了起步、转化与稳定三个阶段,表现为创新模式、学习类型、能力获取三个具体维度。各个维度的理论要素根据所处的不同阶段相互作用、共同演进,具体如图4-6所示。

1. 起步阶段

山东如意先后在企业内部进行了多次战略调整(由成本领先战略向差异化战略、一体化战略转变),建立科协会并在其中扮演重要角色,主要以建立和巩固企业发展基础为目的,与外部组织建立技术合作关系,但合作较为松散、合作时间有限,属于封闭式创新。在封闭式创新的引导下,山东如意采用利用式与探索式学习相结合的方法,即:一方面注重企业经营方式的调整,适时跟进企业发展变化,建立与外部组织的技术合作关系,在合作过程中注重自身能力的积累;另一方面进行快速学习,及时转变企业战略以更好地应对竞争变化,从重要资源中实现能力的转化。此时,山东如意从外部资源中学习,转化为内部知识资源,技术从外部组织流向企业。

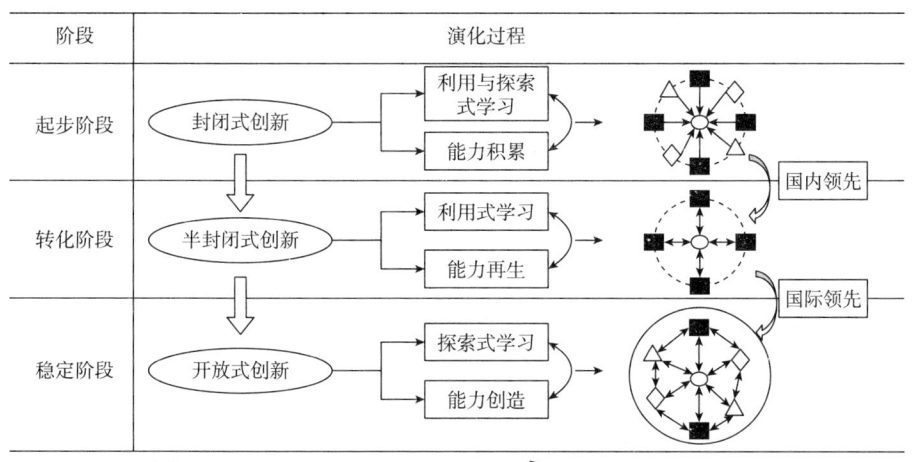

注:■表示合作企业;○表示均胜电子;△表示科研院所;▽表示高校等;单、双箭头表示技术资源流向。

图4-6 山东如意创新网络演化过程

2. 转化阶段

山东如意再次进行战略转化,实现内部并购整合,得到行业内部分关键技术与资源,并在并购的基础上实施相关多元化战略,产品线得到延伸，创新机制有所转变，进行半封闭式创新。在半封闭式创新中，山东如意实行利用式学习，即在引进技术的过程中注重技术的转化，形成能力再次转化，拓展到牛仔布、氨纶、服装印染等新的业务领域，实现能力的再生目标。此时，山东如意主要与外部企业尤其是并购的企业进行技术交流，利用已形成的技术能力拓展产品线，并对其进行适当的控制与技术改进整合，技术资源在山东如意与企业之间进行单一维度的双向流动。

3. 稳定阶段

山东如意进行海外合作与并购，获得全球最为先进的技术资源，以"海外并购+海外上市"的模式扩大品牌影响力，建立与海外企业、科研院所等强力的合作机制，合作内容丰富化、合作时间较长，进行开放式创新。在开放式创新中，山东如意进行探索式学习，即面对激烈的竞争环境进行快速学习以实现能力的转化与提升，进而成为国家级高新技术企业、纺织产业突出贡献企业，拥有自主创造与研发的能力。此时，山东如意形成以企业自身为中心的多方技术交流的交织创新网络，企业彼此之间进行多维度技术交换，实现资源的共享。

五、结论与启示

（一）研究结论

近年来，山东如意凭借其不断更新的技术创新能力成为纺织行业最具竞争力的企业之一。其核心竞争力的形成关键在于其创新网络的构建与完善成熟。通过对山东如意的案例分析，我们可以得出以下结论：

（1）企业创新模式大致经历了一个封闭式创新—半封闭式创新或半开放式创新—开放式创新的过程。山东如意最初在企业内部进行了战略调整（由成本领先战略向差异化战略、一体化战略转变），进行封闭式内部创新；发展到一定阶段以后，开始逐渐与外部企业与科研机构建立合作关系，进行半开放式创新；随着创新网络的完善，企业开始与国内外大型实力企业进行全方位的合作，实现开放式创新。

（2）企业创新网络演化大致经历起步、转化、稳定三个阶段，企业创新网络在网络结构（网络密度与网络规模）和网络关系（关系强度与节点关系）等方面表现出不同的特征。

（3）企业创新网络演化过程中企业学习方式与获取的能力呈现阶段性的特征。整体上，在创新网络起步、转化与稳定阶段，企业采用的学习方式大致由利用式向探索式转化，在学习方式的推动下获得的能力不断升级，由最初的积累创新能力提升为产品再生创新能力，最后形成能自主创新的能力。

（二）管理启示

通过对山东如意集团的案例分析，探讨了企业如何通过规模并购的方式进入国际市场进而形成较完整的创新网络形态，对我国企业国际化战略与企业创新能力构建具有一定的启示。

（1）面对全球化发展的大趋势，企业尤其是实力较为雄厚的企业可以通过规模并购的手段实现快速国际化。企业在并购过程中可以获得企业发展所需的资源、技术与管理经验等，有利于形成以企业为核心的创新网络，获取较为分散的知识资源。在这一过程中，企业需要考量各方面因素，如并购可行性、自身并购实力等。

（2）企业要结合环境变化灵活调整发展战略。企业战略具有一定的长远性，旨在帮助企业明确发展方向、清晰发展潜能、找准发展的着力点。企业制定战略的根本目的在于帮助企业解决实际的发展问题，实现持续健康发展。通过对山东如意的案例分析，发现山东如意在起步阶段进行三次战略调整才使得其渡过生存期，所以企业应该懂得如何进行战略调整，灵活应对因为环境的不确定性带来的发展方向问题。

（3）企业要提高创新网络的利用效率，结合自身所处的发展阶段，采用不同的技术学习方式，注重不同创新能力的形成，明确创新行为的战略意义与目标，正确选择合作对象，并加强与合作伙伴的关系。

第五章
对外投资

第一节 对外投资理论概述

随着中国"走出去"战略的实施,中国企业对外直接投资发展迅速,一批中国跨国公司涌现出来。中国企业加大对外直接投资(OFDI)力度,深刻地改变着世界投资格局与国际化发展进程(李自杰等,2014)。中国企业的国际化是一种后发企业的国际化(吴先明和胡博文,2017),后发企业要追赶"在位企业"必须另辟蹊径,抄近路追赶。中国企业不仅要进入发展中国家占领市场,更要进入发达国家获取最先进的技术与品牌等资源,而对外直接投资便是后发企业融入国际化的关键法宝,其框架如图5-1所示。

一、企业对外投资动因分析

已有研究热衷于企业对外投资的动因。企业对外投资的动机来源于宏观与微观层面。

第五章 对外投资

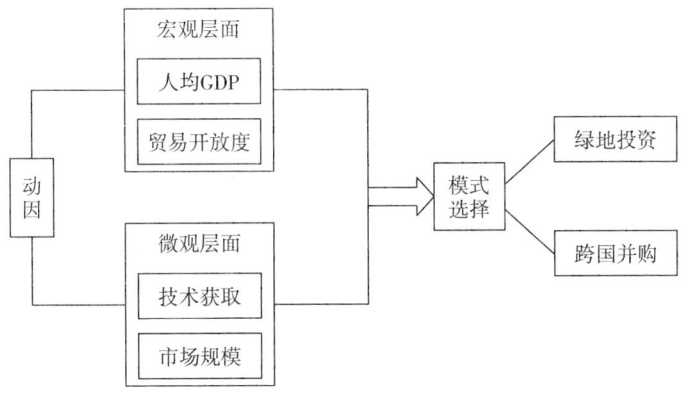

图 5-1 企业对外投资框架

（一）从宏观层面来看

人均 GDP、贸易开放度等推动着企业加大对外投资力度。首先，一个国家对外直接投资净额与该国人均 GDP 有明显的正相关关系（裴长洪和樊瑛，2010），因为一个国家"走出去"在经济上资本是比较充裕的，这样才有可能产生一定的资本剩余，而资本剩余决定企业国际化程度和在全球市场上获利的可能性。因此，GDP 是分析国家或企业通过对外投资实现国际化程度提升的一个重要经济指标（何新易，2016）。其次，一个国家或企业的对外贸易程度决定了其海外投资能力，表明了一个国家或企业实现国际化的决心（陈俊聪和黄繁华，2013），即一个国家或企业的对外贸易程度决定了一个国家或企业的对外开放程度。

（二）从微观层面来看

Dunning（1993）将企业对外投资的动因分为市场寻求、自然资源寻求、效率寻求和战略资产寻求四类，其中战略资产寻求动因是指企业海外投资的目的在于获取东道国的技术研发能力、品牌影响力、创新网络和管理经验等资产，跨国企业对外直接投资可以获得所有权优势、区位优势和内部化优势。陈岩等（2012）指出行业竞争环境对企业对外投资具有一定的影响，当行业内部竞争过于激烈时，企业会选择通过对外投资开辟国际市场，来规避直接竞争，在海外市场中获取收益。吴晓波等（2010）通过对重庆摩托车的多案例研究，发现企业进行对外投资的主要目的在于获取发展所需的关键技术和海外市场。Buckley 等（2008）认为市场规模是企业对外直接投资的重要决定力量，企业通过进攻性的海外投资可以获取较大规模的海外市场，进而获得海外特定优势（廉价劳动力、自然资源等）。所以，技术与市场规模是企业进行海外投资的重要动机。

二、企业对外投资与技术进步的关系

国内外学者对企业海外直接投资与科技进步的关系进行了详细的分析。国外方面，Almeida（1996）认为发展中国家进行对外投资的一个关键原因在于靠近发达国家市场，获取能够促进本国技术进步的创新资源与能力，捕捉因发达国家产生技术外溢而形成的技术资源，帮助本国实现快速发展。所以新兴市场国家跨国公司到发达国家进行投资是获得先进技术知识的重要手段（Makino，2002）。国内众多学者研究发现，对外直接投资存在逆向技术的溢出（鲁万波等，2015；尹建华和周鑫悦，2014；陈强等，2016），其视角大多集中于企业的生产率和创新能力以及技术进步上。

三、对外投资模式选择

对外投资模式是当前关于国际化理论的一个重要研究领域，因为跨国公司如何优化投资方案以及东道国如何合理吸收资本投入是一个值得深思熟虑的问题。选择通过怎样的模式进入东道国，该模式对东道国的产出如何，显然已经成为影响一个企业对外投资的关键因素（Dhanaraj，2004）。企业进行 OFDI 可以帮助企业自身获取许多的资源与优势，进一步扩大企业的发展规模与效益。但是企业在进入一个国家时，需要对其制度、经济和文化等进行充分考虑，保障企业进入东道国之后能快速适应（Mitchell et al.，1993）。所以选择合适的投资模式也是影响企业在东道国进行经营管理的一项重要战略举措，势必影响着企业的长久健康发展。

现有研究普遍认为，企业对外投资模式主要分为两种，即绿地投资与跨国并购（李自杰等，2014）。绿地投资意味着一种高收益、高风险，企业可以通过租赁土地的方法获取进入海外市场的许可权，为后续建设基础设施奠定基础；跨国公司则选择通过跨国并购的方式获取进入海外市场的许可权，企业可以在法律许可的范围内获取、利用东道国的资源，以便更好地实现本地化管理，扩大企业规模和生产效率（周茂等，2015）。

第二节 广西柳工案例分析

一、工程机械制造行业发展现状

工程机械制造在国民经济建设中的作用尤为重要，工程机械设备被广泛地运用于各大工程建设领域中，对工程建设项目的意义重大。工程机械行业发展与国民经济的发展存在着某种内在联系。近年来，中国经济快速发展，社会对工程建设设备的需求也日益增长。统计发现，我国的工程机械行业产品年销售额达3100亿元人民币，仅次于美国，在世界上处于第二位，中国已经成为工程机械生产的大国以及工程机械的主要市场之一（李博和马春雨，2017）。

当前，我国机械制造行业经过多年发展以后形成了一定的发展基础：①培育了一批骨干企业，建立了众多相对集中的制造基地。我国工程机械行业拥有30多个国家级企业和10多个知名的外资与独资企业，这些企业的技术水平与世界先进技术水平相差无几，为国家建设发挥着重要的作用。②不断走出国门，在国际市场上高歌前行。改革开放以来，一大批工程机械制造企业不仅从国外引进技术，更将自行研发制造的产品引出去，纷纷在海外建立营销网络与制造基地，实现技术交流与制造的同步进行，然后将生产的机械销往海外市场，降低了中间环节的成本，提高了机械生产水平。③工程机械制造行业技术创新能力较强。随着计算机的普及和飞速发展，工程机械制造得到前所未有的变革。智能化将是工程机械制造行业的发展方向，智能化与自动化的结合更会提高工程机械制造能力。

我国工程机械制造业发展面临着巨大的挑战：①不确定性。工程机械制造的市场具有很大的不确定性，该行业容易受其他行业的影响，如房地产、石油能源行业等。②人才短缺。制造行业需要投入大量的技术型人才，工程机械制造业同样对人才的需求量较大，但人才供需问题一直是困扰该行业发展的重要因素。③技术水平普遍较低。在全球制造背景下，我国工程机械制造仍然进行简单与低层次的模仿，技术水平处于中低端，拥有的自主核心技术较少，与拥有顶尖技术的跨国企业相比，差距依然明显。④行业竞争加剧。工程机械制造行业利润的增幅明显小于销售收入的增幅，导致行业内出现围绕价格为核心的竞争局面。

工程机械制造行业作为国家经济建设的重要产业，需要发挥自身的优势，也要积极面对日益激烈的全球竞争态势。不断创新，开发具有自主知识产权的品牌产品；有步骤地开拓国际市场，加强质量维护意识，提高中国机械制造整体水平。

二、广西柳工简介

广西柳工集团有限公司（以下简称广西柳工）成立于1958年，是一家实力雄厚的工程机械制造企业，其核心企业广西柳工机械股份有限公司于1993年上市，成为行业内首家上市的公司。广西柳工的核心经营产品在行业内占有重要的位置，2010年，营业额达到180亿元，产品销售数量连续多年处于行业榜首[①]。十三五期间，广西柳工根据自身所具备的优势，抓住国企改革、一带一路倡议、中国制造2025等重大历史性机会，进行转型升级，演化出工程机械、建筑机械两大核心产品。同时，广西柳工也非常注重国际化程度，先后推出了柳工机械和欧维姆两大国际知名品牌。

---

① 资料来源：广西柳工集团有限公司官网，http：//www.liugong.cn/。

（一）不断延伸的产品线

经过多年的发展，广西柳工在产品生产上一直处于全球领先位置，拥有世界级别的产品线，囊括了挖掘机械、铲土运输机械、起重机械、工业车辆、压实机械、路面施工与养护机械、混凝土机械、桩工机械、钢筋和预应力机械、压缩机、经济作物机械化设备、气动工具、工程机械配套件13大类产品品种，32种整机产品线。在这些产品线下，广西柳工推出了装载机、液压挖掘机、推土机、平地机、压路机、汽车起重机、叉车、旋挖钻机、混凝土泵车、压缩机、糖料蔗生产全程机械化设备、装载机传动件和柴油发动机等世界知名产品，获得了用户的高度认可。其中，中国第一品牌——柳工牌装载机，代表了我国装载机的先进水平，年销售额一直处于行业前列；预应力锚具、桥梁拉索及旋挖钻机、液压连续墙抓斗等产品连续多年居于行业前列；挖掘机产品进入国内民族挖掘机品牌前列。此外，集团各子公司还经营工程机械零部件生产、房地产、物流、进出口等业务。

（二）日益交织的营销网络

广西柳工注重产品营销网络的建设，不断将市场拓展到国内外。经过多年的发展，在全国多个省份与区域建有生产制造基地，并在每个生产制造基地配有一定数量的营销与服务网点，旨在打通销售的"最后一公里"。目前，广西柳工在国内建有100多家一级销售网点，并分设了1000多家销售及售后网点，旨在适应市场的变化速度。除了开拓国内市场，广西柳工还积极撬开海外市场的大门。近年来，广西柳工海外销售收入占总收入的30%以上，在国际化建设上取得了一系列可喜的成绩。在"一带一路"政策的影响下，广西柳工构建了同行业在海外市场规模最大、覆盖面最广的海外市场网络，据不完全统计，广西柳工在130多个国家拥有380家左右的经销商和3000多个销售服务网点，分别设有4家海外制造基地（波兰、印度、巴西、阿根廷）和9家营销子公司（新加坡、印度、中东、俄罗斯、荷兰、波兰、美国、巴西和南非）。

（三）独特的企业文化

不管是什么类型的企业，都必须存在适合企业自身发展的企业文化，这样才能唤起员工的使命感、归属感、责任感、荣誉感等。企业文化可以从企业使命、企业愿景和核心价值观等方面来具体体现。

为了增强在国际市场中的吸引力，拓展更广泛的市场份额，广西柳工以"为全球客户提供卓越工业装备与服务"为使命，在集团全体成员的努力下，积极在全球各地建立制造基地与营销网络，寻求集团与顾客之间的最佳联系。为了扩大在全球的影响力，打造世界一流的企业，广西柳工以"成为世界级的工业装备与服务产业集团"为愿景，带领集团员工为未来的发展瞄准方向，照明前程。为了体现"以人为本，合作创造价值"的产品理念，广西柳工以"客户导向，品质成就未来"为其核心价值观，时刻关注顾客动态需求变化，以更高的品质打动顾客，撬开市场。

（四）国际化战略和技术创新的发展焦点

广西柳工的业务已经拓展到海外的80多个国家，在全球建设了8个零件配件中心[①]，同时，在澳大利亚、美国、巴西、印度等地建有进入国际市场的营销中心。广西柳工非常注重技术研发能力的挖掘，通过长久的战略部署，建立了国家级企业技术中心和博士后工作站，提升了其产品研发的能力，促进了其自主创新能力的形成，利用先进的技术创新能力带动了核心业务的发展。在打造"产业经营与资本运作能力卓越、具有独特服务型制造模式的先进制造企业"战略目标的指引下，广西柳工始终统一发展思想，集合内外部资源，提高自主创新力度，加快国际化步伐，旨在将广西柳工打造成"亿元产业集团"。广西柳工以"成为国际一流的装备制造企业"为愿景和以"成为装备制造行业值得尊敬的企业"为使命，一贯先进思维意识和保持国际前沿目光，不断拼搏奋进，实现一个又一个新跨越。

三、广西柳工创新网络发展历程

广西柳工关键事件如图5-2所示。

---

① 资料来源：广西柳工集团有限公司官网，http://www.liugong.cn/。

第五章 对外投资

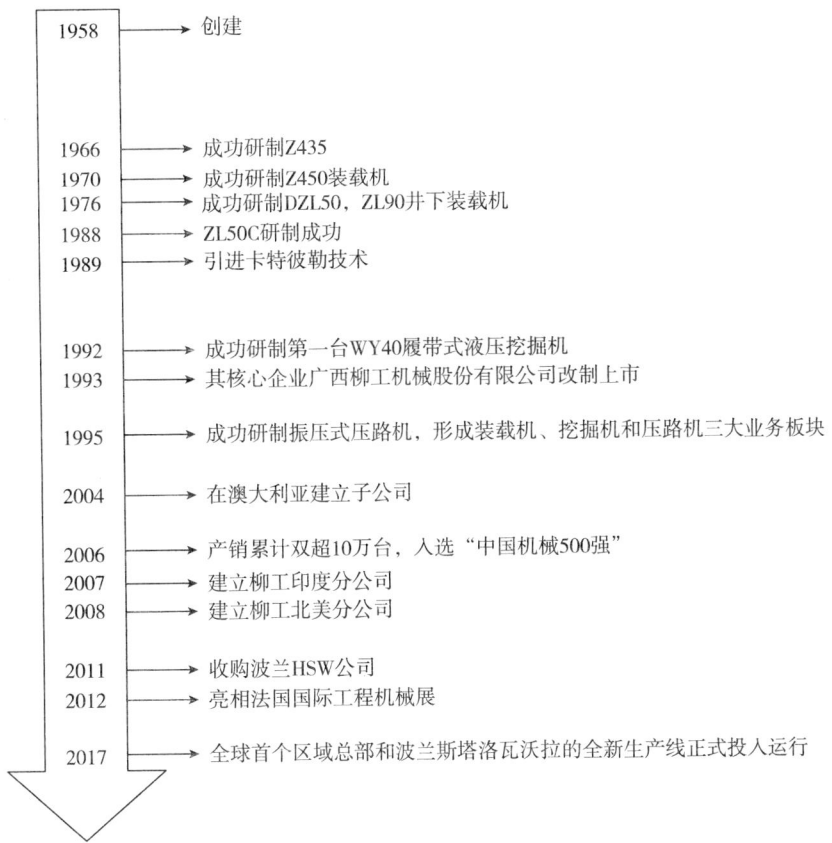

图 5-2 广西柳工发展过程中的关键事件

资料来源：根据企业官网数据整理。

（一）创新网络的探索（1958～1992 年）

1958 年，广西柳工作为国有独资企业在广西创建，借助政策扶持和自身发展强大的期望，不断摸索出核心业务制造的创新点，成立后仅用两年的时间就自行研制出国内第一台推土机，为国家建设作出了杰出的贡献。在政府的帮助下，与中国科学院等国内研发机构建立研发合作关系，定时为广西柳工提供人才扶持与技术培训。基于此，1966 年，试制成功国内第一台装载机 Z435，由此拉开了其装载机生产以及研发的序幕。受发展环境与技术的限制以及国内政治局面动荡的影响，初期发展较为艰难，但广西柳工并没有停止前进的步伐，一心投身于机械研发与国家建设事业中。很快，广西柳工的坚持获得了回报，1970年，研制成功Z450装载机，后续其不断改善着装载机的技术，使得装载机在投入使用中更为灵巧高效。在这个阶段，广西柳工非常注重装载机的研发，但当时国内此行业的技术创新较少，无法在国内行业中进行技术学习。为了紧跟世界技术水平，研制更加先进的装载机，广西柳工积极向国外企业学习技术，聘请国外技术人员，派遣企业技术人员到海外学习，这都大大地提高了广西柳工的研发水平。基于此，1976年，DZL50井下装载机和ZL90研制成功，1988年，ZL50C研制成功，同时在全国重要城市建立经销商，间接与客户建立联系，发展至此，柳工装载机技术已经相当成熟，足以应对国内市场的需求。为了成为国内有名的重型机械制造与研发企业，广西柳工还吸引了部分国外企业与之建立合作，1989年，首次尝试引进海外技术，成功地将卡特彼勒技术引进，促进了广西柳工装载机技术的进一步完善和提高。在这个阶段，广西柳工开始出现与国外企业合作的趋势，但合作内容单一。

（二）创新网络的建立（1992~2011年）

第一阶段的广西柳工以装载机立足市场，并部分引进外部技术资源。为了获取更为广泛的市场前景与发展机遇，广西柳工尝试进行产品转型，1992年，第一台WY40履带式液压挖掘机研制成功，为广西柳工挖掘机的发展奠定良好的基础，也是广西柳工开拓挖掘机市场的开端。1993年，广西柳工旗下的核心企业广西柳工机械股份有限公司改制上市，成为广西壮族自治区甚至整个行业内首家上市的工程机械制造企业，其影响力进一步在行业中加大，这是让世界了解到广西柳工的重要一步，也是让广西柳工发展强大的关键一步。

成功上市后的广西柳工并未放弃技术研发，也没有停止产品线的拓展。1995年，成功研制YZJ10C振压式压路机，形成装载机、挖掘机与压路机三大业务板块支撑体系，这是广西柳工学习其他技术的一大里程碑，标志着其开始向路面机械进军。同年，与德国采埃孚公司合资成立柳州采埃孚公司，这是广西柳工首次与外资企业建立合资关系的尝试，在合资公司中，获得德国采埃孚公司的部分关键技术，广西柳工则承担起制造加工的角色，公司实力迅速崛起。

随着发展实力的不断壮大，广西柳工亟须进行内部整合以适应社会发展需求。1996年，企业进行公司制改革建立广西柳工集团有限公司。随后，广西柳工将企业按照产品类型在国内各地成立分公司，2002年，在上海成立上海柳工叉车有限公司，进一步开拓叉车业务；2003年，在江苏成立江苏柳工机械有限公司；2006年，成立柳州柳工挖掘机有限公司，将挖掘机业务作为独立业务剥离出去。这样就将企业产品在各地实现精细化生产，更有利于提高产品质量和制造效率。截止到2006年4月底，广西柳工产销累计双超10万台，成为行业发展的标兵，由此获得"中国机械500强"、"全国机械工业质量管理奖"等荣誉。

广西柳工的国际化在此阶段经历了一个由海外营销到海外制造阶段变化的过程。2003年，广西柳工正式提出国际化战略，初步建立全球经销商目标。2004年，召开第一次全球代理商大会，初步在全球建立6个代理商合作关系。同年，在澳大利亚建立子公司，学习国际企业的运营模式，标志着其国际营销体系建设的开端。2004~2007年，广西柳工的海外营销渠道建设速度相当快，取得了非常不错的成绩，2007年实现出口机械2700台，出口创汇1.3亿美元，标志着广西柳工海外营销体系建设的完成。

2007年以后，广西柳工在海外的重心转变为海外制造。2007年，在印度首都新德里挂牌成立的柳工印度分公司，年产量达到2000台，为今后在海外建厂提供了经验，该事件还入选了"2007年度中国工程机械十大新闻"，广西柳工也成为国内首个走出去的工程机械制造企业。2008年，广西柳工将海外制造厂转向美国，在休斯敦建立柳工北美分公司，并且因为其卓越的技术研发能力，广西柳工成为首批国家高技能人才培养示范基地，不断为工程机械制造培养突出的人才。进军美国市场后，其还先后在巴西、新加坡、墨西哥、阿姆斯特丹等国家和地区建立营销服务公司。2009年，广西柳工与西南科技大学研制的遥控叉车"思源"和"自强"，并因此受到国家环保部的通报表扬。2010年，建立广西柳工东部研发制造基地，专门为集团提供技术支持，当时柳工装载机全球销量累计突破20万台、整机出口累计突破15000台，在国际市场中占有重要的位置。在这一阶段，广西柳工注重公司的经营转型，以上市和建立分公司的形式加强同国内外先进技术的学习与吸收，其创新网络也逐渐呈现强关系，网络线变得稠密起来，网络规模也逐渐扩张。

（三）创新网络的完善（2011年至今）

2011年是广西柳工发展的重要一年，从这一年开始，由海外营销、制造向海外并购转变，广西柳工的创新网络不断升级完善。2011年，广西柳工完成了对波兰HSW公司的收购，这是首次进行的海外收购案例，并利用欧洲的高素质人才体系建立波兰研发中心，为进入欧洲市场打下坚实的基础。同年，收购了首钢重汽的42%股权进入矿用汽车市场，还与康明斯公司签订了合资生产发动机的协议，与上海机电股份、上海电气国际签约入驻桩工机械领域。同时，积极布局研发体系，建立国家土方机械工程技术研究中心，不断提升研发的能力。

2012年，广西柳工亮相"2012法国INTERMAT国际工程机械展"，向世界展示了柳工技术研发的实力，在展会上获得一致好评。同时，参与了第9届中国—东盟博览会，携全线产品盛装亮相2012年上海宝马展，以一种昂扬的姿态向世界展示完美的柳工产品。2017年，为了推动对欧洲市场的开拓，广西柳工在波兰华沙建设了首个全球性区域总部，其全新的生产线也同步投入使用，这成为联系全球客户的一个重要枢纽。为响应"一带一路"倡议，广西柳工联合全球海内外子公司学习与实践，在65个"一带一路"沿线国家开设了58个主要业务，推动"一带一路"建设的同时助推企业的发展。目前，广西柳工在全球已经拥有300多家经销商遍布六大洲130多个国家，10家海外子公司和9个全球配件仓库。这些都很好地证明了广西柳工开始布局国际化发展的步伐。这一阶段，其创新网络关系强度呈现为强关系，与外部组织之间的合作次数增多。

四、广西柳工创新网络分析

(一) 广西柳工创新网络演化阶段特征

通过描述广西柳工创新网络演化的探索、建立与完善三个阶段,不难发现,在广西柳工创新网络演变的三个阶段所呈现的阶段演化特征是不同的。具体而言,体现在内部知识基、创新网络构成与创新能力的获取三个方面。

1. 创新网络的探索

广西柳工作为国企而建立,受到政策的大力扶持,初步与部分组织建立技术合作关系,迅速研发制造出不断改进的装载机,为国家的建设做出了巨大的贡献,很快占领国内关键市场领域,但业务内容较单一,限制了企业的进一步发展,具体如表5-1所示。

表5-1 广西柳工内部知识基与创新网络构成(一)

企业内部知识基		创新网络构成		创新能力
业务领域	行业水平	推动力	合作主体	市场适应能力
装载机	国内领先、国外较低	企业外部	国内经销商、客户	

本阶段,广西柳工创新网络呈现以下特征:

(1) 从企业内部知识基来看,处于初创期,目标聚焦装载机的研发与改进,不断推出适合工业建设的新型装载机。为了在该阶段站稳脚跟,其并没有向其他业务领域拓展,仅限于装载机业务,所以其内部知识基很窄。为了将装载机与国家工业建设水平联系起来,广西柳工率先研制国内第一台装载机Z435,之后不断改进升级,先后完成Z450装载机、DZL50井下装载机、ZL90装载机和ZL50C装载机等,机械制造的水平在该阶段不断得到提升,处于国内领先的位置,但毕竟在该阶段与国外技术联系较少,与国外领先技术差距仍然较大,其内部知识基的深度较浅。

(2) 从创新网络的构建来看,创建时属于国有企业,主要目标在于为国家建设提供先进的机械设备,得到政策的大力扶持,在政府的牵头带领下能够与较少的研发组织与先进企业进行某些合作，因此，在该阶段对创新网络的探索动力来源于政策扶持；虽然有政策推动广西柳工构建技术交流机制，但处于初创期的广西柳工技术合作经验不足，合作机制有待完善，合作的对象也较少，局限于国内外零散的组织，大多处于"点对点"的合作状态。

（3）从获取的创新能力来看，依靠内外资源研发制造的装载机是国内最为先进，更新换代最快，最适合工业建设的先进机械，形成了最为先进的机械制造，并最终表现为市场适应的能力。

2. 创新网络的建立

经过第一阶段创新网络的探索，广西柳工建立起发展的根基，日益壮大的发展实力要求其进行规模发展，拓展产品线。为了响应国家"走出去"战略，其开始布局海外市场与制造基地，经历了一个由海外营销到海外制造的国际化历程。在此阶段广西柳工的创新网络特征，具体如表5-2所示。

表5-2 广西柳工内部知识基与创新网络构成（二）

企业内部知识基		创新网络构成		创新能力
业务领域	行业水平	推动力	合作主体	
装载机 挖掘机 压路机	国内领先 国外中等	企业内部	国内外经销商、分公司、顾客	产品再造能力 海外发展能力

本阶段，广西柳工创新网络呈现以下特征：①就企业内部知识基来看，其技术知识资源积累到一定程度以后，开始寻求产品的延伸发展，将业务由装载机拓展到挖掘机和压路机三大板块，丰富了产品线，进一步提高了企业的制造能力，其内部知识基逐渐变宽。一方面，广西柳工开始将挖掘机作为一项独立的业务剥离并专门成立旗下子公司进行挖掘机研发制造，以提高机械制造水平。另一方面，在开拓海外市场后，其开始在海外构建制造基地，利用海外的高素质人才与技术为广西柳工的发展提供更为

先进的技术。其内部知识基的深度逐渐加深。②在企业创新网络的构成上，其创新网络得以建立并有所延伸，主要是因为在此阶段提出了国际化的战略，首次进行海外市场的探索，并尝试了海外营销与海外制造，为下一阶段的海外发展提供了宝贵的经验，所以此阶段广西柳工构建创新网络的动力来源于国际化战略的提出。同时，广西柳工逐步建立与节点组织的联系，寻找海外经销商，在国内外开设子公司，与顾客建立近距离的关系，其合作能力不断增强。③就其创新网络建立带来的创新能力来看，将前期技术知识资源转变为生产制造能力，延伸至三大业务，助推企业的机械制造水平，同时在海外构建营销渠道与制造基地，正式步入国际化的轨道。

3. 创新网络的完善

随着在海外营销渠道的建立与制造基地的落地，广西柳工逐渐迈进国际市场的大门。为了获取更多的技术知识资源，广西柳工决定由海外营销与制造转变为海外并购，进一步提升国际化的水平，从而构建更加完善成熟的创新网络，具体如表5-3所示。

表5-3　广西柳工内部知识基与创新网络构成（三）

企业内部知识基		创新网络构成		创新能力
业务领域	行业水平	推动力	合作主体	
13大类产品品种，32种整机产品线	世界领先	企业内外部	全球经销商、分公司、顾客	资源整合能力

此阶段，广西柳工完善的创新网络呈现以下特征：①从企业内部知识基来看，产品线延伸至13大类产品品种、32种整机产品线，主要产品几乎对机械制造的所有产品类别都有涉及，其内部知识基的宽度变得很宽。同时，其产品深受国内外市场的欢迎，不断形成的自主研发能力更是提高了产品的质量，达到世界领先水平。②从其创新网络的构成特征来看，企业创新网络完善的动力主要来源于企业外部组织的技术支持，及时获取了全球先机的知识资源与市场信息。同时，由海外营销与制造转变为海外并

购,虽然只进行了一项并购案例,但其获得的资源吸引着众多国际市场。③从其创新网络的创新能力来看,合作的对象丰富化,合作的内容高端化,可以获取更为广泛的资源与信息,实现资源整合的能力。

(二)广西柳工创新网络演化过程

将广西柳工的创新网络划分为网络探索、网络建立和网络完善三个阶段,以及网络驱动力、网络成员、企业内部知识基和创新能力四个维度,各个维度根据所处阶段的不同而相互作用、共同演进,具体如图5-3所示。

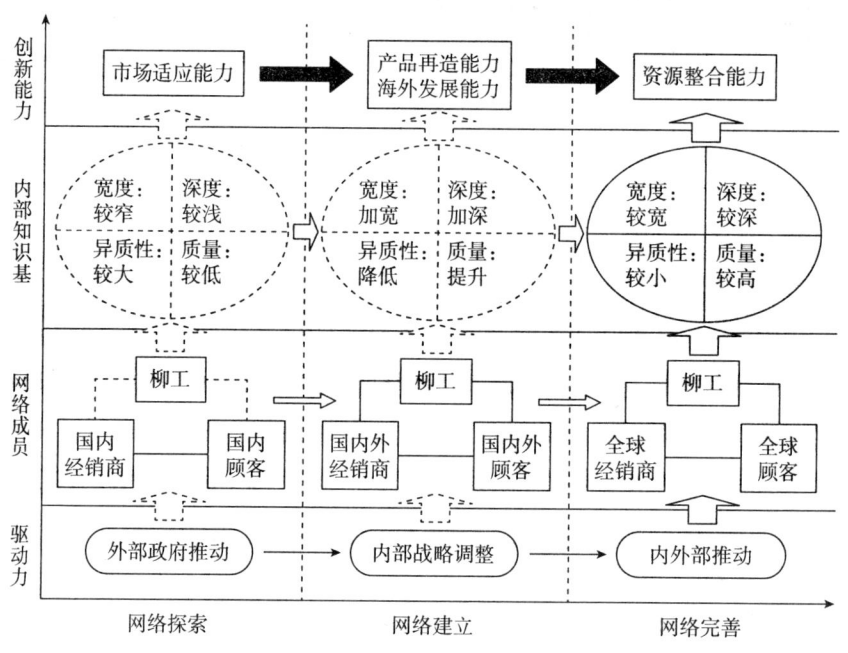

图 5-3 广西柳工创新网络演化过程

1. 网络探索阶段

刚刚建立的广西柳工发展举步维艰,为了提高产量迎合国家建设,政府牵头让企业与科研院所和外部企业建立联系。2002年后更受国家产业政策的调整以及行业对外开放步伐加快的影响,其与外部合作意向进一步加强。为了更好地将制造的机械销往全国各地,广西柳工特意在重要城市建立经销商,间接地与客户建立需求信息的联系,初现营销网络的形态。在此阶段，广西柳工只注重装载机的研发制造，产品较单一，知识基的宽度较窄。其装载机大部分由自己研发制造，虽然较国外技术要落后，但创造了国内多个"第一"，其知识基的深度偏向中等。较国内同行业企业技术实力，广西柳工更胜一筹，但较国外技术略显不足，所以其知识的异质性较大。受限于国内技术发展水平，广西柳工无法获取更为先进的国内技术，而其海外合作还未完全建立起来，在现阶段获取的知识质量较低。初步探索的营销网络形态，建立起与国内营销商和客户的联系，可以及时了解市场动态，获得市场适应的能力。

2. 网络建立阶段

广西柳工在国内初步建立起较好的网络形态，为了开拓更为广阔的市场空间，董事会对内部发展战略做出明确的调整，正式开始实行国际化的战略，从海外营销着手，在海外建立经销代理商或营销服务公司，而后建立海外制造基地，将海外技术近距离地进行消化吸收，直接与海外顾客进行信息交流，由此其创新网络延伸至海外组织。此阶段，广西柳工的业务板块也延伸至装载机、挖掘机与压路机，其知识基的宽度加宽。建立海外经销商与分公司，可以接触到海外先进技术，其知识基的深度加深。同时，在海外建立的制造基地可以近距离地将海外技术融入到企业产品制造中，降低与国际先进技术的差距，其异质性降低，知识的质量也随之提高。逐渐建立的技术创新网络，加强了广西柳工与节点组织的合作关系，促进了企业产品线的延伸与海外市场的适应，实现了产品再造与海外发展能力。

3. 网络完善阶段

广西柳工内部继续加强海外发展，将海外战略调整为海外并购，同时企业外部也欢迎广西柳工参与技术交流。在内、外部共同的推动下，开始进行更进一步的海外拓展：并购海外企业、建立全球经销商体系等，与全球客户建立实时联系。在此阶段，广西柳工对已经建立的创新网络进行进一步的完善，获得最先进的全球技术，其知识宽度更宽，深度更深。同时，与国际先进企业的技术差距不断缩小，知识的异质性更小，质量也随之更高。更为开放的企业发展策略可以获取更为广泛的技术资源，使企业可以实现内外资源的整合能力。

五、结论与启示

（一）研究结论

广西柳工作为工程机械行业中的标杆企业，其发展实力在全球市场得到高度的认可，其构建的创新网络经历了一个循序渐进的过程。从广西柳工创新网络形成的过程与结果中，我们可以得到以下结论：

1. 企业创新网络发展具有明显的阶段性

广西柳工作为行业的领头企业，其创新网络经历了网络探索、网络组建与网络完善的过程，在每个阶段，企业创新网络呈现不一样的网络特征，促使企业创新网络从幼稚走向成熟。

2. 不同阶段企业创新网络呈现不同的网络特征

企业创新网络发展的阶段性决定了企业创新网络在不同的阶段呈现不同的网络特征。描述企业创新网络阶段特征的指标有很多，对于广西柳工而言，其内部知识基、创新网络构成与创新能力在不同阶段有所不同。整体上，内部知识基深度由浅变深、由窄变宽，创新网络经历了由内部推动向外部推动最后向内外协同推动的过程，网络成员逐步由国内合作对象延伸至国外合作伙伴，合作对象的实力也不断增强。

3. 企业创新网络在不同阶段获取的创新能力有所不同

广西柳工的创新网络发展历程中期创新能力经历了一个市场适应能力—产品再造能力—资源整合能力的过程。从最初为了适应市场变化的技术能力到创新新颖产品，最后整合各方资源形成自主创新能力。

（二）管理启示

从本案例中，我们了解到广西柳工通过海外投资手段成功"走出去"，建立交织的营销网络，实现国际化的宏伟目标。给我们带来以下启示：

1. 企业文化是企业发展的根基

一个企业的文化是一个企业长久发展的根源与不竭动力。一个企业的组织文化蕴含着丰富的内容，最为核心的是企业的价值观与精神。企业文化是推动企业自主创能力提高的内生性驱动因素,是提升组织学习能力的关键环节(高传贵和辛杰,2018)。因此,企业需要认识到企业文化的重要性,从组织的每一个层面实施提升能力的方法并持之以恒地协调战略、绩效评价、流程、人员和技术的相互关系以提高企业绩效。从企业文化这一顶层设计着手来推动企业自主创新管理水平的提升。借助浓厚的企业文化氛围,广西柳工致力于成为世界级的工业装备与服务产业集团,推动着其国际化战略的落地与技术创新能力的提升。

2. 企业构建创新网络能够最大幅度提升企业技术创新水平

广西柳工在技术发展过程中追求技术创新体系化的形成,利用逐渐成熟的技术创新网络整合各方资源,成为世界级的一流工程机械企业。企业在构建创新网络过程中在不同阶段受到不同因素的驱动,合作的对象伙伴也有所差异,这就需要企业一方面抓住一切可以抓住的机会,利用驱动力助力创新网络的形成;另一方面,识别合作对象,正确处理好与合作伙伴的关系,借助彼此的资源实现共享,共同促进技术创新能力的提升。

3. 政府的支持很重要

企业的发展需要国家科技资源和政策的大力支持,广西柳工作为国有企业深受影响,使得其进行技术创新网络构建的信心不断增强。借助国家政府的支持,广西柳工搭上了"走出去"、"一带一路"的便车,得以成功上市,走向国际市场,成为国际一流企业。企业需要重视政府的政策扶持,利用好这些政策支持,使自己充满进行自主创新的勇气。

第三节 国家电网案例分析

一、电力行业发展现状

电力行业是国民经济发展的一项重要的基础性产业和支柱性产业,是我国国民经济稳定健康发展的重要保障和前提条件。回顾电力行业近30多年的改革历程，大致经历了集资、政企分开、厂网分开等阶段过程。具体来说，国务院于1987年提出"因省、因网制宜"的电力方针，积极鼓励地方政府与企业合作，形成多渠道、多层次、多形式集资办电及打破政府独家办电的局面。90年代后期，我国电力行业正式推行政企分开、股份制改造、建立资本金制度等一系列改革措施，并成立了国家电力公司，旨在推进电力行业向市场经济方向发展和电力企业现代化发展，有效推动了我国电力行业的长久健康发展。为了进一步规范行业发展，2002年，国务院印发《电力体制改革方案》，提出"十五"期间电力体制改革的任务为实施厂网分开，重组发电与电网企业，其主要目的在于加快电力行业市场化，加快推进电力行业市场配置资源的基础性作用。

（一）发展状况

我国电力行业经历了多年的市场化发展，其发展现状可以总结如下：

1. 电力供应能力不断增强

电力供应能力水平取决于对电力设施建设的投资水平高低。全国电力工程建设力度不断加大，其中电源投资金额占全国电力工程建设投资金额的45.9%左右。在电源投资中，全国核电、并网风电以及太阳能发电投资都在不断上升。煤炭发电与非化石能源发电投资也有小幅度上升的趋势。

2. 电力科技水平进一步提升

国家电力工程在智能电网、特高压、高效节能发电、可再生能源发电、低能耗发电机组等关键技术领域取得重大突破，对促进电力公司的转型升级产生了一定的影响。

3. "走出去"战略取得可喜成绩

中国电力企业积极参与国际合作，尤其是受"一带一路"政策的影响，众多电力企业投身于国际电力发展事业，推动了人类文明进步与发展。2015年以来，我国电力公司约和20多个国家与地区达成了战略合作关系，将中国先进的电力技术带到国外并发扬光大，也将国外顶尖技术与自身技术融合，促进全球电力技术的共同进步。

(二) 面临问题

虽然电力行业在转变发展方式过程中取得了不错的成绩，但距离国家对电力企业的发展要求，尤其是环保发电要求仍然存在较大的差距，目前遇到的问题主要：

1. 传统模式根深蒂固，清洁理念有待弘扬

受粗放发展模式与长期计划经济的影响，还有不少电力企业仍然用传统的规模思维进行运营，既低效又耗能，对高效清洁、内涵发展、做好做优等先进发展理念的重视程度不够。

2. 科研投入力度不足，核心技术水平偏低

与发达国家相比，我国电力科技创新水平仍然较低，大部分企业对科学研究不够重视，科研投入力度较小，进而导致电力企业的自主创新能力水平低于发达国家，关键与核心技术落后于世界先进水平，一些关键技术或设备，如航改型燃机、先进核反应堆技术等依然依靠引进获得。

3. 新能源发电遭遇新的瓶颈

新能源于2008年兴起，由于数量少，可获得政策扶持，得到快速发展。到了2012年，新能源发电市场区域饱和，风电、光伏发电等在快速扩张之后，形成低端同质化竞争的局面，加上新能源发电对技术与资金要求较高，整个行业面临重新洗牌。

二、国家电网简介

中国国家电网有限公司（以下简称国家电网）成立于2002年，是关乎国家能源安全与国家经济命脉的大型国有骨干企业，是一家经过国务院批准并接受国家投资与控股的机构。公司注册资本8295亿元，经营覆盖全国各地，供电服务人口超过11亿人，在菲律宾、巴西等20多个国家和地区建设了电力经营分机构。在更安全、更经济、更可持续发展使命的推动下，国家电网始终坚持以投资建设电网为其主要业务。

2017年国家电网营业收入达到23236.5亿元，资产总额为38088.3亿元。公司各项指标都呈现上升的趋势（见表5-4）。国家电网连续14年获

评中央企业业绩考核A级企业，2016~2018年蝉联《财富》世界500强第2位、中国500强企业第1位，是全球最大的公用事业企业。

表5-4 2013~2017年国家电网主要业绩指标值

指标＼年份	2013	2014	2015	2016	2017
营业收入（亿元）	20498	20914	20713.5	20939.7	23236.5
利润总额（亿元）	705.8	812.1	865.2	866.2	910.2
输电线路长度（万千米）	104.5	84.4	89.0	93.2	98.7
变电容量（亿千瓦）	32.4	33.7	36.0	40.0	43.5
研究与开发经费（亿元）	57.9	70.8	73.8	69.2	78.3

资料来源：根据《国家电网有限公司2017年社会责任报告》整理。

（一）业务领域

国家电网涵盖电网、一带一路、产业与金融四大业务领域，在高质量发展要求的推动下，始终聚焦与"一个核心（电网业务）、三大支柱（一带一路、产业与金融业务）"发展布局，旨在利用改革、创新等驱动企业长久发展。

1. 电网业务

电网业务是国家电网的核心业务，包含特高压、智能电网、清洁能源与配电网业务。电网业务是一种清洁能源业务，是促进国家可持续发展的重要一环，甚至关乎着国家的能源安全。电网在国家电网的管理下，一直处于稳定的局面，始终保持着稳定的产出功效。

2. 一带一路

作为国家电力发展的代表，国家电网在共商、共建、共享和平等互利原则的指导下，响应国家号召，积极投身于"一带一路"建设中。近年来，国家电网对巴西、菲律宾等国家和区域投资建设能源网，帮助这些国家和区域开发电力项目。为了加强与国际组织的合作，发挥利用国际交流平台的作用，充分传播公司技术成果、管理经验和发展理念，国家电网提出能源转型方案，发出"国网声音"，贡献"国网方案"，在全球设立了10个办事处，负责加强与所在国家和地区的政府部门、经贸商会、电力企业、科研院所、国际组织及我国驻外机构等交流与合作。

3. 产业

国家电网的直属产业包括高端制造、互联网+、节能环保等。具体来说，电工装备制造、信息通信与电子商务、节能与电能替代、境外投资与运营、工程总承包等是国家电网的业务线。

4. 金融

国家电网金融业务涉及银行、保险和资产管理三大业务板块，涵盖10家金融单位，参股23家金融机构，旨在帮助国家电网或其他公司加强资金管理等，为推动电网核心业务的发展保驾护航。

（二）科技创新建设

为了实现"建设世界一流电网、国际一流企业"的宏伟目标，国家电网贯彻执行国家创新驱动发展战略，坚持以创新体系建设为保障，以重点工程建设为依托，大力推进"大众创业、万众创新"，形成创新体系、创新实验资源和科研人员的三大科研资源系统，取得显著的科技创新成绩。

（1）国家电网建立起以直属科研单位（全球能源互联网研究院、中国电科院、国网能源院、国网经研院）、直属产业单位（南瑞集团、许继集团、平高集团、山东电工、信通产业集团）、省属科研单位（省属能源院、省属经研院）和海外研发机构（美国研究院、欧洲研究院和葡萄牙研发中心）为主体，以外部科技力量（知名该校、研发机构、跨国企业、制造企业等）为支撑，分工明确、职责分明，形成协同科技创新体系。

（2）国家电网构建起国家、公司以及基层三级创新实验资源体系，拥有6个国家级重点实验室、2个国家工程技术研发中心、6个国家能源研发中心、31个重点实验室、6个联合实验室和400多个基层单位实验室等，综合实验研究能力达到国际领先的水平。

（3）国家电网关注科技人才，形成集选拔、培养、使用与考核为一体的人才建设方案,在"服务发展、人才优先、以用为本、创新机制、高端引领、整体开发"指导方针下,公司制定了《国家电网公司优秀人才管理手册》,建立四级、四类、四种称号人才的选拔培养体系(其中四级人才分国家、公司、省公司、地市公司四个层级;四类人才分经营、管理、技术和技能四个类别;四种称号人才分科技领军人才、专业领军人才、优秀专家人才和优秀专家人才后备四种称号),明确人才逐级选拔培养原则,构建各级各类人才发展通道。

(三)企业文化

作为国有大型重点骨干企业,国家电网注重自身文化的建设,以巩固的文化价值体系构建起发展的光明前景与蓝图。其将自身定位为"全球能源革命的引领者,服务国计民生的先行者",始终为人类能源事业而奋斗向前。国家电网坚持"推动电气化,构建能源互联网,以清洁和绿色方式满足电力需求"作为公司使命;坚持以"以客户为中心,专业专注,持续改善"的核心价值观,注重服务质量,坚持客户导向;坚持以"努力超越,追求卓越"为企业的宝贵精神,强调强烈的事业心与使命感,追求向更高质量、更高水平的目标持续奋进。

三、国家电网创新网络发展历程

国家电网关键事件如图 5-4 所示。

(一)创新网络的探索(2002~2006 年)

2002 年,国家电网作为特大型国有能源企业创建,以电网业务为主业,承担着保障安全、经济、清洁、可持续电力供应的基本使命,提出从国家能源安全发展与全球资源合理配置出发寻求电网发展的道路,积极开展国际能源资源投资合作,初步建立起国际合作的美好蓝图。

2004 年,国家电网正式确立并实施国际化战略。从此国家电网以特高压投资建设的方法走出去,先后实现对俄罗斯、蒙古、哈萨克斯坦等周边国家的特高压建设,充分利用周边质优价廉的能源,提高能源经济效益。在与其他国家相关部门的共同努力下,国家电网在海外大力发展特高压输电建设，提高了能源开发与使用效率。同时，在与周边国家进行能源合作过程中使得自身的技术得到验证与发展，取得突破性的进步。

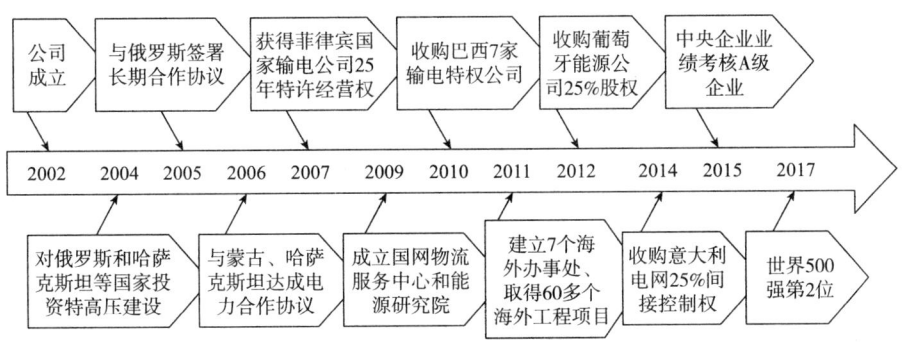

图5-4　国家电网发展历程中的关键事件

资料来源：根据企业官网数据整理。

2005年以后，国家电网的国际步伐迈得更大更稳。与俄罗斯统一系统股份有限公司签署了长期合作协议，双方就输电方式、输电规模等重大问题达成一致。2006年3月，双方又进一步签署了《关于全面开展从俄罗斯向中国供电可行性研究协议》，明确了国家电网投资俄罗斯能源开发，而俄罗斯将分为三个阶段向中国东北黑龙江省、辽宁省、中国华北地区输送电。

在与俄罗斯进行输电合作的同时，国家电网还同哈萨克斯坦、蒙古等周边国家开始电力开发合作。2006年6月，国家电网首先与蒙古国达成电力合作协议，根据协议，国家电网在蒙古国建设煤电项目，并将形成的电力部分输送至中国。同年11月，国家电网与哈萨克斯坦建立合作，希望通过哈萨克斯坦的桥梁作用加强与中亚地区的电力合作，组建中亚联合电网。国家电网在这个阶段不断加强对外项目投入，充分利用外部能源，初步探索出覆盖区域的合作网络，实现资源最大化的优化配置以及区域电力结构的优化调整，提高区域电力工业的开发效率。

(二) 创新网络的建立 (2007~2010年)

此阶段，国家电网继续同海外电力公司建立合作。2007年12月，国家电网在竞标中略胜一筹，获得菲律宾国家输电公司长达25年的特许经营权。作为其首次获得的海外国家大型输电特许经营权，标志着国家电网的国际化战略站到了一个新的台阶，从此国家电网利用海内外两个市场两种资源，不断加强国际合作。国家电网充分利用自身的技术优势与对方的能源资源，带动中国发电技术设备的投资出口，加强与菲律宾合作方的交流，以保证输送安全、清洁、高效的电力。

2010年是国家电网发展的重要年份。该年12月，国家电网收购巴西7家输电特许公司，这是中国在巴西最大的海外投资项目。此次收购包含16条500千伏输电线路以及相关电站，奠定了中巴电力合作关系的基础，进一步拓展了国家电网的机电设备等技术资源进入南美市场，同时也促进了巴西等南美国家与地区能源开发能力，实现双赢。

在该阶段，国家电网除了加快国际化的步伐，建立外部合作机制，还对内部资源进行了优化整合。2008年，国家电网正式开展直属产业资源的优化整合工作，对各直属单位进行重新定位。2009年成立国网物流服务中心与国网能源研究院，国网物流服务中心主要从事国家电网内部物资供应协调、接收检验、储存保管、消耗领用等工作，配合做好物资采购、供应、应急物资等后勤管理服务和国家电网档案馆管理工作。国网能源研究院是国家电网的智库机构和从事软科学研究的直属科研单位，主要从事为能源电力行业发展提供咨询服务的工作。

同时将直属产业分为能源生产、电气装备、科研与咨询服务、物资供应、房产物业、传媒业务、教育培训、信息通信、电网建设运行十大业务板块，形成围绕以电网业务为核心的多产业发展，构建技术领先与资源整合的创新网络，促进企业健康快速成长。

(三) 创新网络的完善 (2011年至今)

该阶段，国家电网抓住"十二五"与"十三五"战略机遇，实现全面走出去战略，在全球范围内进行经济合作，优化能源资源配置，成为世界一流电网与国际一流企业。

2011年,国家电网公司先后在美国、欧洲、俄罗斯、菲律宾、巴西、印度和中国香港建立了7个驻外办事处,负责跟踪全球各地的合作项目进展,寻求对外合作项目,为促进海外资产并购提供必要的信息支持。2011年,国家电网在其驻外办事处的帮助下,取得60多个海外工程技术服务项目,合同总额高达136亿美元,项目分布于中亚、东欧以及美洲等地区。由此,国家电网加大了特高压、智能电网等高新技术对外输出的力度,为实现国际化的战略目标增添新的动力。

2012年2月,国家电网公司以3.87亿欧元收购葡萄牙国家能源公司25%的股份,实现在欧洲首次收购国家级电网公司的目标,收购后双方还合资成立研发中心,对促进企业技术发展与全球市场的提高具有重要的意义。同年,国家电网获得澳大利亚南部公司的部分股权,首次与澳大利亚南部公司开展投资合作,一方面提高了和澳大利亚南部公司电网技术与管理合作的水平,另一方面,为促进国家电网公司的国际化进展增添了一份重要的版图。

2013~2014年,在吸收消化之前成功海外并购的经验之后,国家电网公司乘胜追击,加快并购步伐,先后进入澳大利亚和东南亚,收购了澳大利亚和新加坡两个发达国家的3家能源公司,均取得了良好并购效果。2014年7月,国家电网公司以21亿欧元取得了意大利电网25%的间接控制权,推动国家电网海外并购发达国家的能源公司再进一步,提高企业跨国营运能力。

经过十几年的国际化发展历程,国家电网公司在推进技术设备、管理经验走出去的过程中也实现了国外先进技术与资源的引进来,建立并完善了围绕企业形成的创新网络,促进了企业的快速发展。

四、国家电网创新网络分析

(一)国家电网创新网络演化阶段特征

通过描述国家电网创新网络演化的探索、建立与完善三个阶段,不难发现,在国家电网公司创新网络演变的三个阶段所呈现的阶段演化特征是不同的。具体而言,体现在内部知识基、网络构成与创新能力的获取三个方面。

1. 创新网络的探索

初步建立的国家电网,依靠国家政策的支持,迅速汇集海内外先进技术,对外部能源资源进行投资,提高能源利用效率;对内构建电网主营业务优势,提高国家能源安全,具体如表5-5所示。

表5-5 国家电网内部知识基与创新网络构成(一)

企业内部知识基		创新网络构成		创新能力
业务领域	行业水平	推动力	合作主体	适应能力
特高压电网	国内外领先	企业外部	周边国家电网公司	

本阶段,国家电网创新网络呈现以下特征:①从企业内部知识基来看,初期以电网构建为核心业务,积极开展跨国能源资源投资,帮助海外国家建立电力事业,促进资源开发与区域经济发展,相对来说,企业内部知识基相对较窄。受到政策的扶持,国家电网公司拥有较为先进的电网建设技术,可以实现特高压电网的建设,处于国内外领先的水平,其内部知识基较深。②从创新网络的构建来看,公司实施国际化战略,主动走出去与周边国家合作,进行能源合作开发,构建电力事业,大力探索与发展特高压输电,因此探索创新网络的推动力企业外部的"走出去"战略,合作的主体周边国家的电网公司为主,积极开展能源合作,取得了重要的进展。③从获取的创新能力来看,以海外投资的方式,出口技术及其相关配套设备,旨在促进区域能源开发合作,提高企业能源开发能力,适应国际化发展的节奏。

2. 创新网络的建立

经过第一阶段与周边国家能源开发的合作,国家电网积累了大量国际化的经验。此阶段,国家电网公司进行内外同步发展,对外进一步加强国际化,积极走出去;对内进行优化整合,拓展业务板块,具体如表5-6所示。

表 5-6 国家电网内部知识基与创新网络构成（二）

企业内部知识基		创新网络构成		创新能力
业务领域	行业水平	推动力	合作主体	再造能力
十大板块	国内外领先	企业内部	国内外企业、科研机构、高等院校	

本阶段，国家电网创新网络呈现以下特征：①就企业内部知识基来看，进行内部优化整合，分化出以电网业务为核心的十大业务板块，其知识基不断加深；特高压电网经过实践与时间的检验，技术水平得到前所未有的提升，其他业务借助公司实力与前期发展经验稳步前行，逐渐达到国内外领先水平。②在企业创新网络的构成上，一方面进一步国际化，另一方面进行产业优化整合，其主要推动力来源于企业内部发展需求。同时，延伸出来的十大业务板块的科研单位，形成与外部研究机构、名校合作的机制，合作的主体包括国内外企业、科研机构与高等院校等。③就获取的创新能力来看，不断提升的研发水平与国际化步伐，促进企业内外资源的优化利用，形成产业再造的能力。

3. 创新网络的完善

本阶段，国家电网创新网络呈现以下特征（见表5-7）：①从企业内部知识基来看，经过一段时间的探索性发展，形成电网业务、一带一路、产业与金融四大核心发展业务，不再只是以电网为核心，促进企业朝着多元化发展方向转变。其业务能力水平借助在国际合作中的前行逐渐成为世界领先水平，成为世界性的领先公共事业企业。②从其创新网络构成来看，通过内部发展推力与外部发展需求的双重推动，积极与全球经销商、分公司和顾客等合作交流，形成与国际实力雄厚企业的创新网络。③就企业从创新网络中所获取的创新能力来看，经历了几次收购国际大型企业的成功案例，获得能够促进企业自主创新能力进一步提升的资源整合能力，推动企业技术与管理能力的提升。

表 5-7　国家电网内部知识基与创新网络构成（三）

企业内部知识基		创新网络构成		创新能力
业务领域	行业水平	推动力	合作主体	
电网业务、一带一路、产业与金融	世界领先	企业内外部	全球经销商、顾客、科研机构、高等院校	资源整合能力

（二）国家电网有限公司创新网络演化过程

将国家电网的创新网络划分为网络探索、网络建立和网络完善三个阶段，以及网络驱动力、网络成员、企业内部知识基和创新能力四个维度，各个维度根据所处阶段的不同而相互作用、共同演进，具体如图 5-5 所示。

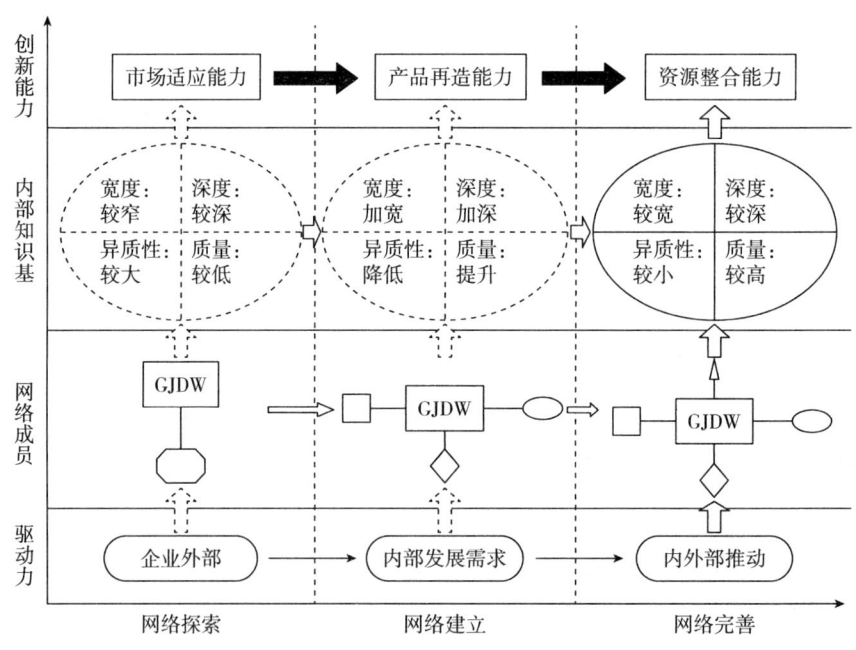

图 5-5　国家电网创新网络演化过程

1. 网络探索阶段

国家电网为了获取外部资源,在外部发展驱动下,形成电网建设的核心业务。在此基础上,为周边国家电网建设发展提供扶持,推动业务走出去,进而初步构建起与周边国家电网公司的合作体系。国家电网在此阶段创新网络的知识基有其独特性,虽然初步建立电网建设业务,但发展实力强劲,很快达到世界领先水平,形成窄却深的知识基。不断承担海外电网建设业务,与国外电网公司形成技术差异性,但毕竟处在初步建设阶段,知识资源的质量有待进一步提升。其构建的初步创新网络,促进企业能够较好地适应国际市场对电网建设的需求,形成市场适应能力。

2. 网络建立阶段

基于企业内部规模发展和优化整合调整的需求,国家电网的创新网络逐渐形成,在网络中企业构建起与海外企业、高等院校和科研院所等的合作关系,形成十大业务板块,实现业务延伸,促进企业知识基在宽度与深度方面都有所加强。国家电网加大对外合作力度,收购海外企业、建设海外研发中心等,获得国际先进技术,降低与行业顶尖技术之间的差距,提升技术服务的质量。在形成的创新网络中,依靠与节点组织的技术合作与自身内部技术的发展,国家电网充分利用企业内外部先进技术资源,逐渐形成产品服务再造的能力。

3. 网络完善阶段

国家电网抓住发展机遇,在全球范围内加大收购整合力度,获取先进技术资源与管理经验。在企业内部转型升级需求与外部战略机遇的双重刺激下,国家电网构建起与海内外企业、顾客、高等院校和科研院所等为核心的创新网络,带动企业技术从组织层面与外部节点组织形成知识共享,双向流动,通过网络不断进行传递与转移。在创新网络中,国家电网构建起一个宽而深、异质性较小、内部质量较高的知识基,促进企业形成能够进行资源整合的能力。

五、结论与启示

（一）研究结论

通过对国家电网的分析研究，探讨了国家电网创新网络动态演化机理，并从驱动力、网络成员、内部知识基和创新能力等方面分析企业创新网络阶段演化特征。从中我们可以得到以下结论：

（1）企业创新网络演化驱动力来自企业内外部，并大致经历由外部向内部再向内外部协同推进的过程。在网络探索阶段，企业在外部资源的刺激下进行资源收集，初步建立创新网络；在网络建立阶段，企业发展到一定阶段，寻求更大规模的发展需要有更为先进的技术支持，形成内部驱动力；在网络完善阶段，企业进行资源整合需要充分考虑内外部资源状况，形成内外部驱动力。

（2）企业内部知识基是企业创新网络演化的一个重要特征指标，能很好地表明企业创新网络发展成熟水平。企业内部知识基可以分为知识基的深度、宽度、知识异质性和知识质量四个维度，不同创新网络发展阶段，企业内部知识基维度表现形式不一样。

（3）不同阶段企业在创新网络中所获得的创新能力会表现出逻辑演变的特征。一般来说，企业在其构建的创新网络中获得的知识资源在数量与质量上会存在差异性，但每个时期获得的知识资源都是企业在该阶段形成技术进步所需要的，进而构建不同的创新能力。

（二）管理启示

由最初的海外投资建设到后来的技术研发发展，国家电网作为世界大型企业，其构建的创新网络形态能够很好地为中国制造业企业如何进入国际市场，拥有自主创新能力带来重要启示。

1. 识别并充分利用好企业发展机遇

企业发展机遇能够成为企业发展新的转折点，带来新的市场发展方向。国家电网作为大型国有企业，自身拥有多种发展机遇，十二五、十三五等重大国家战略助力国家电网围绕企业发展奋力前进，向海内外市场不断冲击，由此促进企业成为世界一流大型企业。

2. 企业应在创新网络中正确处理好能为企业发展起关键作用的节点组织

在企业创新网络中，节点组织一般包括外部企业、高等院校、科研院所、顾客等，在创新网络中核心企业能够与节点组织实现资源交换、优势互补，因此企业需要主动识别能够为企业发展带来关键技术资源的节点组织，正确处理好与他们的关系，以快速形成企业发展所需的技术创新能力。

第四节 中国有色集团案例分析

一、有色金属行业发展现状

有色金属是发展现代工业、现代科学技术和现代国防不可缺少的重要材料。中国已经成为了全球最大的有色金属生产与消费国。有色金属材料与高新技术的发展息息相关，有色金属产业的发展促进了航天行业工业、原子能工业、计算机工业、电子工业等的迅速成长。有色金属产业是中国国民经济重要的基础原材料工业，是国家必不可少的战略性基础行业。与大多数产业不同的是，在有色金属产业生产要素投入中，除了传统的劳动力和设备外，还需要特有的有色金属资源作为劳动对象。在有色金属资源中，铜、铅、钨等为代表性资源。代表性的有色金属企业有江西铜业、中国有色矿业集团、中国铝业等（孙麟，2012）。2017年，我国10种有色金属产量5501万吨，同比增长2.9%，规模以上有色金属工业企业实现利润2298亿元（木子，2018）。

有色金属冶炼行业市场前景一片大好（王琰，2016）。首先，从国际市场来看，即使发达国家对有色金属产品需求量不断减少，但对于我国周边国家来说,其需求量仍然处于较高的水平,如对于日本和韩国等资源匮乏的国家而言,需要有充足的有色金属产品支持国家发展;对于东南亚部分发展中国家而言,经济发展速度不断加快,对有色金属产品的需求不断增长。其次,从国内市场来看,我国能源、建筑、汽车以及交通等行业仍然处于高速发展的状态,对于有色金属的需求较大,使得我国有色金属行业能保持较广阔的发展空间。

我国有色金属产业发展也存在一些问题。我国有色金属行业的产能利用率整体处于较低水平,各地区和细分有色金属行业的产能利用率存在较大差异,从当前产业发展形势分析,我国金属冶炼行业的发展还存在一些不足,如生产增速下降、贸易下滑难以改变、企业效率下降、相对国外发展技术落后,环境保护与资源节约问题等(朱政江,2016),这些问题制约着行业发展的步伐,是每个企业应该加以注意的因素。

二、中国有色集团简介

中国有色矿业集团有限公司(以下简称中国有色集团)成立于1983年,是一家由国务院国资委管理的大型中央企业,2016年在"2016中国企业500强"中排名第95位,在"世界500强"中排名第386位。中国有色集团的主营业务以有色金属矿产资源开发为主,涵盖建筑工程及相关贸易、服务等业务,经过多年的发展,已成为我国有色金属行业的代表性企业。近年来,中国有色集团积极布局国际化战略,已经将业务开拓至80多个国家及地区,海外有色资源拥有量达到3000万吨左右,涵盖40多种有色金属品种。中国有色集团发展了235家下属企业,其中在境外建有77家子公司,在深圳、香港、悉尼、伦敦拥有8家上市公司。在赞比亚、蒙古、缅甸、泰国、刚果(金)等国家和地区建成并经营着一批标志性的矿业开发项目。

(一)海内齐发展,远景目标展动力

中国有色集团坚持以战略促发展,始终坚持以海外资源开发为主,兼顾国内资源开发的原则,树立远景目标。到2025年,要在境内外有色金属资源开发利用上取得重大突破，力争成为世界主要铜生产商，锌、金、锡、钨等国内主要生产商，以有色金属行业为主的多领域 EPC 承包商，国内主要有色原料供应商，并在高端装备、新材料、环保等行业取得重大进展，成为具有国际竞争力的世界一流矿业集团。坚持优化产业结构与合理布局相结合的原则，确立"十三五"规划目标：深化改革，强化管理，严控风险，积极响应"走出去"和"一带一路"倡议，扎实推进管理创新和科技创新，努力实现资产总额、营业收入、控制矿产资源量、有色金属产品产量上一个新台阶，盈利水平实现根本改观；努力实现人才队伍建设、管理能力提升、风险控制能力上新水平；力争在科技创新成果、体制机制完善、战略新兴产业发展上取得突破。

（二）海外觅合作，投资项目显雄力

中国有色集团是以国际工程承包起家的，从成立时便已经踏出国门，积极寻求海外投资项目。1983 年，作为当时中国有色金属行业唯一的外经贸窗口企业，中国有色集团积极走出国门寻求合作项目。中国有色集团已建成投产的境外有色金属矿业项目有赞比亚中国经济贸易合作区、中色卢安夏铜业有限公司、中色非洲矿业有限公司、谦比希粗铜冶炼厂、谦比希湿法冶炼厂、中色华鑫湿法公司、缅甸达贡山镍矿、蒙古国图木尔廷敖包锌矿、泰国泰中铅锑合金厂等。除此之外，中国有色集团还在积极开发境外有色金属资源项目，通过多种合作形式对境外有色矿业资源进行有效利用，为此，中国有色集团陆续与周边国家、中南部非洲、矿业资本发达国家和地区达成了合作关系，作为技术支持方共同开发本地有色金属矿产资源，根据相关合作协议，中国有色集团共拥有境外重有色金属资源量 1000 万吨，铝土矿资源量逾 3 亿吨，正在跟踪的重有色金属资源量近 8000 万吨，铝土矿资源量 20 亿吨，这些数据标志着中国有色集团是一家对外投资合作最多、成果最明显的有色金属开发公司。

（三）结构寻优化，发展根基得壮大

中国有色集团不断优化结构，构筑了坚实的发展基础。与湖北、辽宁、广西、宁夏、天津、山东、内蒙古、广东、江西、上海等地方政府和企业加大合作力度，打造了一批有实力、有品牌、有影响的优质骨干企业。其中，大冶有色集团是中国五大铜基地之一；中色（宁夏）东方集团已跻身世界钽铌三强，是中国最大的钽、铌生产基地和唯一的铍科研生产基地；中国十五冶金建设集团被誉为我国建筑工程领域的"铁军"；中色奥博特公司是山东省最大的铜加工企业；中色（天津）有色金属公司正在建设我国重要的有色金属特种材料研发中心和深加工制造基地；桂林矿地院曾荣获国家科技进步特等奖；沈冶机械公司是中国最重要的冶金装备制造基地；中色泵业公司的隔膜泵产品位列世界三强；珠江稀土公司是中国唯一一次分离15种稀土元素的企业。现如今，中国有色矿业在海内外建有制造基地，形成对有色金属开发与制造的良好格局，其实力在不断提升。

三、中国有色集团创新网络发展历程

中国有色集团关键事件如图5-6所示。

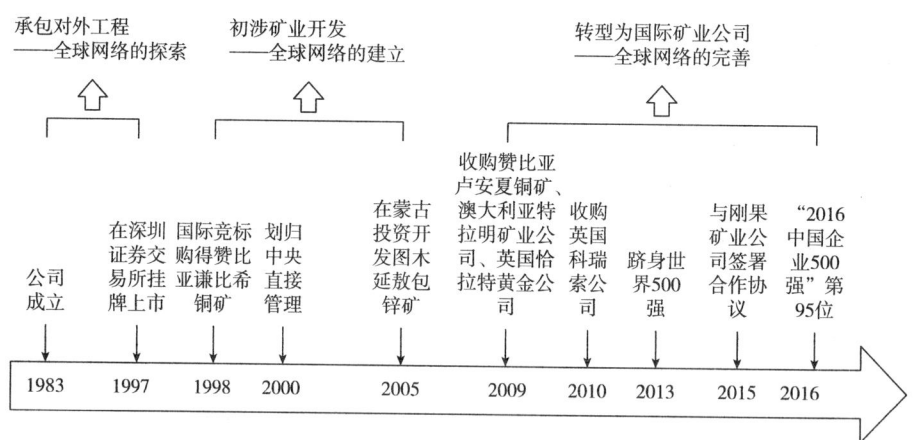

图5-6　中国有色集团发展过程中的关键事件

资料来源：根据企业官网数据整理。

(一) 承包对外工程：全球网络的探索（1983~1997年）

1983年中国有色集团前身由中国有色金属工业对外工程公司创建，凭借其发展的高起点，主要开展对外工程承包业务。此时，中国有色集团是我国有色金属行业唯一一家进行跨国经营的企业，凭借国际工程承包业务的开展，较好地实现了国际化战略。20世纪90年代，中国有色集团首先打开了伊朗市场，承包了伊朗大批有色金属开发项目，获得了高度认可。中国有色集团利用自身技术优势帮助伊朗生产出第一块铬铁合金、第一块锰铁合金、第一块钼铁合金、第一块锌锭、第一吨氧化铝、第一吨电解铝，有效推动了伊朗有色金属产业的发展。凭借在伊朗的成功尝试，中国有色集团在国际市场中的影响力和知名度不断上升，得到了其他国家及海外企业的认可。此后，中国有色集团在先进冶炼技术的支撑下，积极开拓海外有色金属开发项目，形成研究设计、设备租借与出口、项目安装与实施、投产运营以及专家技术服务等一条龙的服务。到了1995年，更名为中国有色金属建设集团公司，标志着其发展战略的重大转变。

经过在海外工程承包的一次次成功展开，中国有色集团在对外工程承包业务上树立了良好的品牌，由此入选全球最大255家工程承包商，实现了贸易资源的优化整合，构建起在亚洲、欧洲、非洲、大洋洲等地区和国家的贸易布局。在这个阶段，中国有色集团以国际工程承包起家，积极建立海外市场，是最早走出国门的有色金属企业，依靠其强大的发展基础，集团开始探索新的创新网络。

(二) 初涉矿业开发：全球网络的建立（1997~2004年）

1997年，中国有色集团在深圳证券交易所挂牌上市，其影响力进一步增强。1998年公司由国家有色金属工业局管理，成为国有企业，依靠国家强大的战略支撑，集团发展一路高歌猛进。此时的集团，将发展目光转移到海外项目和矿业开发上，既吸收学习海外先进技术，又开拓国外巨大市场。1998年6月，中国有色集团获得了赞比亚谦比希铜矿85%的股权（赞方占15%干股），依照招标协议，中国有色集团拥有地表41平方公里的使用权、地下85平方公里的开采权，期限为99年，作为中国在海外投资建设的最大规模的有色金属企业，标志着中国有色集团开启了海外业务的良好开端，也标志着中国有色集团能够利用自身的技术优势吸引海外投资项目。2000年，中国有色集团入选为181家大型国有骨干企业，借助中央的支持，中国有色集团实现发展的蜕变。2003年，归国务院资委管理，并正式更名为中国有色矿业建设集团有限公司，成为中国有色金属行业的领导者。

（三）转型为国际矿业公司：全球网络的完善（2004年至今）

正式更名后，公司实力大增，在国际上的影响进一步增强，中国有色集团开始在海外寻求更为广泛的合作。2005年，在蒙古投资开发的图木尔延敖包锌矿投产；2008年，缅甸达贡山镍矿开工建设；2009年，陆续收购了赞比亚卢安夏铜矿、澳大利亚特拉明矿业公司、英国恰拉特黄金公司（吉尔吉斯斯坦金矿）；2010年，收购了英国科瑞索公司（塔吉克斯坦金矿）。此时的中国有色集团是我国境外开发有色金属资源最多的企业之一。至此，公司的主业从单一的国际工程承包发展为有色金属矿产资源开发、建筑工程、相关贸易及服务三大主业。依托在海内外业务的整合联动、协调发展，中国有色集团实现跨越式发展。2013年，在美国《财富》杂志全球500大企业中，排名第482名，正式跻身世界500强。

四、中国有色集团创新网络分析

（一）中国有色集团创新网络演化特征分析

企业创新网络的延伸在很大程度上依赖于内部知识基的变化。企业知识基分为知识资源识别、积累、储存和激化的过程（党兴华等，2011），企业知识转化各个阶段的效率，是核心企业创新网络最大的特征。企业所拥有的知识是企业竞争优势的重要来源，包括信息、投入、诀窍和能力等，企业内部知识基可以分为知识基宽度和知识基深度（魏江，2015），这两个维度用来解释企业通过内部知识基的转变实现创新网络的构建。在企业创新网络创建过程中，其内部知识基宽度、内部知识基深度、知识的异质性及知识质量由低到高进行蜕变。企业创新网络在借助知识基进行拓展时,会带来企业创新绩效的提升。企业内部知识基能够正向调节研发网络知识边界与技术创新之间的关系(刘洋等,2015),知识的路径依赖有助于知识基进行深度与宽度的拓展,从而提升企业创新绩效。

企业创新网络从最初的雏形,经过与其他组织的技术合作与交流,通过内部知识基(内部知识基宽度、内部知识基深度、知识异质性和知识质量)的发酵,逐渐壮大成交织的创新网络形态(见图5-7)。

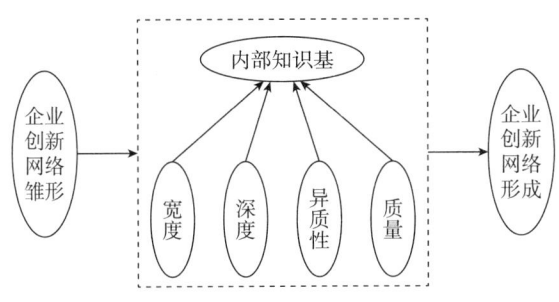

图5-7 企业创新网络演化过程

1. 承包对外工程:全球网络的探索(1983~1997年)

中国有色集团是以承包对外工程起家的,一开始就和国外企业进行接触,这为企业的国际化发展与技术交流提供了便利条件。中国有色集团最初的内部知识基与创新网络构成如表5-8所示。

表5-8 中国有色集团内部知识基与创新网络构成(一)

企业内部知识基		创新网络构成		创新能力
技术领域	行业水平	推动力	合作对象	贸易资源整合
对外工程承包	国内领先 国外较低	"走出去"战略	国内外零散企业	

本阶段,中国有色集团呈现出以下特征:①从内部知识基来看,主要集中精力于对外工程承包,还没有延伸到前端与后端,其知识基较窄。中

国有色集团首先在伊朗承包工程项目,凭借在该市场的开拓,探索到许多先进技术,逐步提高了在国际上的影响力,其知识基较深。②从创新网络的构建来看,此时的中国有色集团处于初创期,只是进行国际化的初步探索。其海外布局正处于形成阶段,网络正处于"点对点"的状态,节点企业之间的合作少,网络还没有正式形成,网络线稀疏,呈现较弱的关系,但为下一步网络的发展与完善奠定了基础。

2. 初涉矿业开发:全球网络的建立(1997~2004年)

前一阶段的探索为本阶段的发展开辟了道路。借助在工程承包领域的成就,中国有色集团开始探索新的项目领域。本阶段,中国有色集团的内部知识基与创新网络构成如表5-9所示。

表5-9 中国有色集团内部知识基与创新网络构成(二)

企业内部知识基		创新网络构成		创新能力
技术领域	行业水平	推动力	合作对象	
初涉矿业开发	大型国有重要骨干企业	开拓海外市场	国内外部分企业	业务延伸拓展

本阶段,中国有色集团呈现出以下特征:①从内部知识基来看,开始进行海外矿业开发,产品线有所延伸,知识基宽度中等。依靠强大的技术与政策支持,在国际上建立起强大的影响力,并于2000年进入181家大型国有重要骨干企业行列,其知识基深度加深。②从其创新网络构建来看,开始在海外建立合资企业,有效地支撑了集团的国际化战略,开始与国际企业建立互利共赢的合作,全球创新网络逐渐形成,节点企业间的合作内容丰富化,知识异质性提升,网络线不断密集,呈现较强的关系。

3. 转型为国际矿业公司:全球网络的完善(2004年至今)

随着矿业开发技术的成熟,中国有色集团寻求在国际矿业开发市场建立产业联盟,拓宽业务面。本阶段,中国有色集团的内部知识基与创新网络构成如表5-10所示。

表 5-10　中国有色集团内部知识基与创新网络构成（三）

企业内部知识基		创新网络构成		创新能力
技术领域	行业水平	推动力	合作对象	
金属矿产资源开发、建筑工程、相关贸易及服务	世界500强	跨越式发展	全球企业	产业联盟

本阶段，中国有色集团呈现出以下特征：①从其内部知识基来看，业务内容得到扩张，不再是单纯的国际工程承包，开始向建筑、贸易等行业进军，知识基很宽。经过多年发展以后，通过兼并收购国际大企业而获得技术领先，在创新能力上更上一层楼，其知识基深度很深。②从其创新网络的构建来看，已经在以色列、赞比亚、澳大利亚、英国等国家与地区建立分公司，建立了行业垂直服务体系。通过一系列的海外收购与重组，获得了技术上的整合，逐步深化了科研实力，中色（宁夏）东方集团是中国最大的钽、铌生产基地和唯一的铍科研生产基地，中色（天津）有色金属公司是我国重要的有色金属特种材料研发中心和深加工制造基地。这表明在中国有色集团的全球创新网络中，节点企业异质性高，各有所长，创新网络线已经十分密集，彼此合作次数多，互利互惠，呈现明显的强关系。

（二）中国有色矿业集团创新网络演化过程

将中国有色集团的创新网络划分为网络探索、网络建立和网络完善三个阶段，以及网络驱动力、网络成员、企业内部知识基和创新能力四个维度，各个维度根据所处阶段的不同而相互作用、共同演进，具体如图 5-8 所示。

1. 网络探索阶段

中国有色集团作为矿业国有企业率先实施"走出去"战略，主动与国外企业建立业务往来，并着重承包海外工程项目，将发展的步伐迈向国外。但由于刚创立不久，中国有色集团在国外的影响力有限，只能暂且与一些小企业进行承包合作，合作的次数不多，合作内容更是狭窄，导致企业内部知识宽度狭窄，技术不够精湛，技术知识深度较浅，与之合作的企业规模较小，大多数是一些与自己实力相当的小型企业，技术差距不是太大，知识异质性较小。在探索创新网络过程中，中国有色集团构建起在亚洲、欧洲、非洲、大洋洲等地区和国家的贸易布局，实现了贸易资源的优化整合。

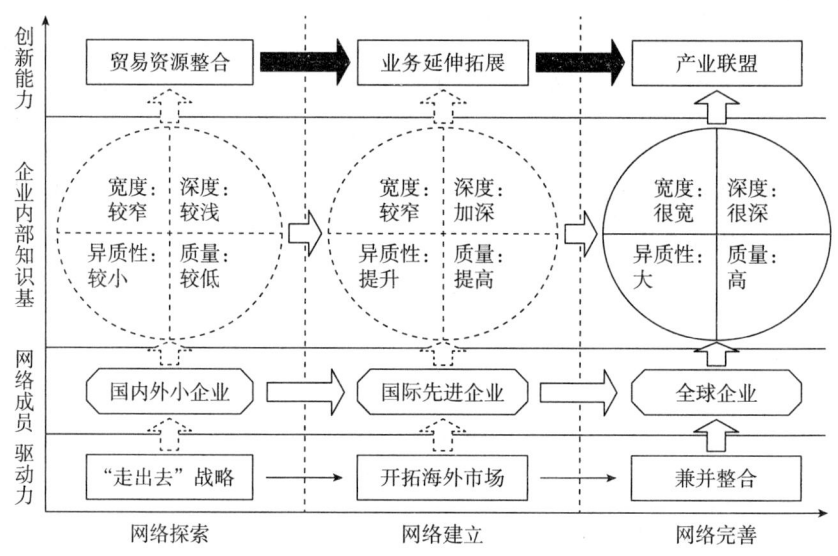

图5-8　中国有色集团创新网络演化过程

2. 网络建立阶段

中国有色集团尝试开拓更为广泛的海外市场，通过上市的手段，增强了企业在国际中的声望。而后其将发展目光转移到海外投资项目和矿业开发上，不再仅仅作为承包商的身份参与国际化。在建立创新网络过程中，中国有色集团在非洲以援助的名义建立海外投资项目，尤其是海外矿业开发项目，与当地一些企业建立合作关系，吸引其他国家先进企业一同与中国有色集团开发非洲矿业。该阶段，合作对象不断增多，合作内容从工程承包转变为矿业投资开发等，知识基明显增宽。在承包对外工程阶段，中国有色集团积累大量的技术资源，这成为其进入矿业开发的重要基础，其技术知识深度进一步加深。同时，中国有色集团的技术虽然还未达到顶尖的水平，但明显超过了很多合作企业，致使知识的异质性加大。同时，延伸拓展的海外投资项目与矿业开发使得中国有色集团实现业务扩展。

3. 网络完善阶段

创新网络的建立，为中国有色集团的发展提供源源不断的技术支持。在此阶段，中国有色集团实行战略转变，以兼并收购整合全球行业先进技术，促使企业实现跨越式发展。不断完善的创新网络使得中国有色集团拥有足够的技术和资金向多元化业务跨越，形成投资项目、建筑、矿业开发、工程承包等生态业务体系，其知识基增宽明显，技术精湛，知识基深度很深。同时，组成的通过一系列的兼并活动，中国有色集团形成与国际企业的产业联盟，使得企业获得众多先进的技术，超越了行业中的大部分企业，知识异质性较大。

五、结论与启示

（一）研究结论

中国有色集团已经成为有色金属行业的龙头企业，其发展实力在全球市场中得到高度的认可，构建的创新网络经历了一个循序渐进的过程。从中国有色集团创新网络形成的过程与结果中，我们可以得到以下结论：

1. 企业创新网络阶段发展受到不同内外因素的驱动

中国有色集团创新网络经历了一个网络探索、网络建立与网络完善的过程，每个阶段分别受到"走出去"战略、海外市场开拓与内部兼并整合等驱动，不断推动着企业创新网络从不成熟逐渐走向成熟。

2. 企业内部知识基维度在不同企业发展阶段呈现不同的特征

企业内部知识基呈现以下的阶段发展演化特征趋势，即宽度由窄变宽，深度由浅变深，技术提升使得技术异质性不断提升，技术创新的能力质量不断提高。

（二）管理启示

中国有色集团通过海外投资实现国际化战略稳步实施，学习、吸收和整合海内外先进技术，形成围绕矿产开发的关键核心技术，助力中国有色集团成为中国最具影响力的全球企业，其创新网络构建过程与国际化战略步骤具有重大的管理启示。

（1）树立"走出去"和"引进来"相结合的意识，既反对盲目地"走出去"，又不提倡毫无目的地"引进来"，积极融入全球化发展的大趋势中。一方面，将自身具有代表性的产品、技术等推向国际市场，形成在国际市场中的影响力；另一方面，批判性地学习各种技术创新，对于企业所需要的先进技术学会用宽广的心态去接受，并在学习中进行二次创新，以适合自身的发展。

（2）海外投资是企业实现国际化战略的重要方式之一。加大海外投资力度能给企业带来众多利益。首先，海外投资可以获取海外资源，中国有色集团通过对周边国家、中南部非洲甚至部分发达国家等的资源开发项目，既带动了当地资源开发的能力，获取海外资源，又促进区域经济发展。其次，海外投资可以实现生产与海外市场距离的缩短，减缓物流成本等。最后，海外投资也是企业加强技术提升的重要手段，中国有色集团通过海外投资，在实践中检验了技术，为提升技术水平提供真实数据，同时，能够与海外技术形成技术摩擦、技术借鉴的机会。

（3）在融入国际化过程中，构建适合自身的创新网络。创新网络构建是一个过程，在这一过程中受到许多驱动力的影响，技术交流的对象随着创新网络构建的过程逐渐丰富，这就需要企业中识别最有利与自身发展相关的技术，并围绕技术需求寻求在创新网络中的位置，获取相应位置的创新能力。

参考文献

[1] Ahn J, Khandelwal A K, Wei S J. The Role of Intermediaries in Facilitating Trade [J]. Journal of International Economics, 2011, 84 (4): 73 – 85.

[2] Almeida P. and Phene A. Subsidiaries and Knowledge Creation: The Influence of the MNC and Host Country on Innovation [J]. Strategic Management Journal, 2004 (25): 8 – 12.

[3] Barney. Returns to Bidding Firms in Mergers and Acquisitions: Reconsidering the Relatedness Hypothesis [J]. Strategic Management Journal, 1988 (1): 30 – 38.

[4] Beamish I P W. Knowledge, Bargaining Power, and the Instability of International Joint Ventures [J]. The Academy of Management Review, 1997, 22 (1): 177 – 202.

[5] Bernard A B, Jensen J B, Redding S J, Schott P. K. Wholesalers and Retailers in US Trade [J]. American Economic Review, 2010, 100 (2): 408 – 413.

[6] Buckley P J, Cross A R, Tan H. Historic and Emergent Trends in Chinese Outward Direct Investment [J]. Management International Review, 2008, 48 (6): 715 – 748.

[7] Collins J D, Holcomb T R, et al. Learning by Doing: Cross – border Mergers and Acquisitions [J]. Journal of Business Research, 2009 (62):

1329-1334.

[8] Dhanaraj C, Beamish P. Effect of Equity Owenership on Survival of International Joint Venture [J]. Strategic Management Journal, 2004 (25): 259-305.

[9] Dunining J. Multinational Enterprises and the Global Economy [M]. Working Ham: Addison-Wesley, 1993.

[10] Dyer J H., Nobeoka, K. Creating and Managing a High-performance Knowledge-sharing Network: The Toyota Case [J]. Strategic Management Journal, 2000, 21 (3): 345-367.

[11] Eisenhardt K M, Schoonhoven C B. Resource-based View of Strategic Alliance Formation: Strategic and Social Effects in Entrepreneurial Firms [J]. Organization Science, 1996, 7 (2): 136-150.

[12] Felbermayr G J, Jung B. Trade Intermediation and the Organization of Exporters [J]. Review of International Economics, 2011, 19 (4): 634-648.

[13] Freeman C. Networks of Innovators: A Synthesis of Research Issues [J]. Research Policy, 1991 (20): 499-514.

[14] Giuliani E, Bell M. The Micro-determinants of Meso-level Learning and Innovation: Evidence from a Chilean Wine Cluster [J]. Research Policy, 2005, 34 (1): 47-68.

[15] Harris L, Colesand A M, Dickson K. Building Innovation Networks: Issues of Strategy and Expertise [J]. Technology Analysis & Strategic Management, 2000, 12 (2): 229-241.

[16] Hitt M A, Hoskisson R E, Kim H. International Fication: Effects on Innovation and Firm Performance in Firms [J]. Academy of Management Journal, 1997, 40 (4): 767-798.

[17] Hymer S. The International Operations of National Firms: A Study of Foreign Direct Investment [M]. Cambridge, 1976.

[18] Johanson J, Vahlne J. The Internationalization Process of the Firm:

Model of Knowledge Development and Increasing Foreign Market Commitment [J]. Journal International Business Studies, 1977, 8 (1): 23 - 32.

[19] Koka B R, Prescott M J E. The Evolution of Interfirm Networks: Environmental Effects on Patterns of Network Change [J]. The Academy of Management Review, 2006, 31 (3): 721 - 737.

[20] Kuemmerle W. The Drivers of Foreign Direct Investment Into Research and Development: An Empirical Investigation [J]. Journal of International Business Studies, 1999, 30 (1): 1 - 24.

[21] Makino S, Lau C M, Yeh R S. Asset - exploitation Versus Asset - seeking: Implications for Location Choice of Foreign Direct Investment from Newly Industrialized Economics [J]. Journal of International Business Studies, 2002, 33 (3): 403 - 421.

[22] Melitz M J. The Impact of Trade on Intra - Industry Reallocations and Aggregate Industry Productivity [J]. Econometrica, 2003, 71 (6): 1695 - 1725.

[23] Nemet G F. Demand - pull, Technology - push, and Government - led Incentives for Non - incremental Technical Change [J]. Research Policy, 2009, 38 (5): 0 - 709.

[24] Padula R G. Investigating the Microstructure of Network Evolution: Alliance Formation in the Mobile Communications Industry [J]. Organization Science, 2008, 19 (5): 669 - 687.

[25] Ragozzino R. The Effects of Geographic Distance on the Foreign Acquisition Activity of U. S. Firms [J]. Management International Review, 2009 (49): 21 - 30.

[26] Rybadze A, Reger G. Globalization of R&D: Recent Changes in the Management of Innovation in Transnational Corporations [J]. Research Policy, 1999 (28): 251 - 274.

[27] Yiu D, et al. Understanding Business Group Performance in an Emer-

ging Economy: Acquiring Resources and Capabilities in Order to Prosper [J]. Journal of Management Studies, 2005 (2).

[28] 蔡宁,潘松挺.网络关系强度与企业技术创新模式的耦合性及其协同演化——以海正药业技术创新网络为例[J].中国工业经济,2008 (4):137-144.

[29] 陈爱贞,钟国强.中国装备制造业国际贸易是否促进了其技术发展——基于DEA的面板数据分析[J].经济学家,2014 (5):43-53.

[30] 陈劲,景劲松.从ZT公司看中国企业的技术创新国际化之路[J].科学学与科学技术管理,2002 (11):37-40.

[31] 陈劲,朱朝晖.我国企业技术创新国际化的资源配置模式研究[J].科研管理,2003 (5):76-83.

[32] 陈俊聪,黄繁华.中国对外直接投资的贸易效应研究[J].上海财经大学报,2013,15 (3):58-65.

[33] 陈侃翔,谢洪明,程宣梅等.新兴市场技术获取型跨国并购的逆向学习机制[J].科学学研究,2018,36 (6):1048-1057.

[34] 陈立敏.国际化战略与企业绩效关系的争议——国际研究评述[J].南开管理评论,2014,17 (5):112-125,160.

[35] 陈强,刘海峰,汪冬华等.中国对外直接投资能否产生逆向技术溢出效应?[J].中国软科学,2016 (7):134-143.

[36] 陈岩,杨桓,张斌.中国对外投资动因、制度调节与地区差异[J].管理科学,2012,25 (3):112-120.

[37] 陈勇星,屠文娟,杨晶照.基于技术能力的企业技术创新模式选择及其演进研究[J].科技进步与对策,2012,29 (14):83-89.

[38] 程跃,银路,李天柱.不确定环境下企业创新网络演化研究[J].科研管理,2011,32 (1):29-34,51.

[39] 池仁勇.区域中小企业创新网络的结点联结及其效率评价研究[J].管理世界,2007 (1):105-112,121.

[40] 董洁林,李晶.企业技术创新模式的形成及演化——基于华为、

思科和朗讯模式的跨案例研究[J]. 科学学与科学技术管理, 2013, 34(3): 3-12.

[41] 高传贵, 辛杰. 企业文化对企业自主创新绩效的影响——组织学习能力的中介作用[J]. 东岳论丛, 2018, 39(4): 68-75.

[42] 郭巍. 金融发展、技术创新与中国先进装备制造业发展[D]. 湘潭大学, 2017.

[43] 何新易. 中国发展对外直接投资的战略因素[J]. 管理世界, 2016(1): 172-173.

[44] 侯婷婷. 回顾2017: 家电行业的这七个明显趋势[J]. 家用电器, 2018(1): 90-91.

[45] 胡海波, 黄涛. 全球化视角下我国汽车制造企业创新网络演化路径: "江铃"与"奇瑞"双案例研究[J]. 科技进步与对策, 2016, 33(22): 69-77.

[46] 黄兴, 康毅, 唐小飞. 自主性创新与模仿性创新影响因素实证研究[J]. 中国软科学, 2011(S2): 85-93.

[47] 蒋晓萌. 我国制药企业新药研发创新网络模式的构建[J]. 安徽广播电视大学学报, 2012(3): 33-38.

[48] 景劲松, 陈劲, 谢觐红. 企业技术创新国际化的外部环境影响机制研究[J]. 研究与发展管理, 2004(1): 9-16.

[49] 康丽. 企业创新网络结构及演化研究[D]. 南京师范大学, 2016.

[50] 李博, 马春雨. 工程机械行业发展现状及其设备用油简述[J]. 纳税, 2017(15): 184.

[51] 李梅, 余天骄. 研发国际化是否促进了企业创新——基于中国信息技术企业的经验研究[J]. 管理世界, 2016(11): 125-140.

[52] 李自杰, 刘畅, 李刚. 新兴国家企业持续对外直接投资的经验驱动[J]. 管理科学学报, 2014, 17(7): 35-49.

[53] 刘锦英. 核心企业自主创新网络演化机理研究——以鸽瑞公司

"冷轧钢带"自主创新为例[J].管理评论,2014,26(2):157-164.

[54] 刘青,陶攀,洪俊杰.中国海外并购的动因研究——基于广延边际与集约边际的视角[J].经济研究,2017,52(1):28-43.

[55] 柳卸林,徐晨.通过跨国并购提高企业技术能力——基于大连机床集团三次跨国并购的案例研究[J].科学学与科学技术管理,2011,32(7):111-119.

[56] 鲁建国.浅谈近5年来家电行业的发展[J].家电科技,2017(9):7.

[57] 鲁桐.企业国际化阶段、测量方法及案例研究[J].世界经济,2000(3):9-18.

[58] 鲁万波,常永瑞,王叶涛.中国对外直接投资、研发技术溢出与技术进步[J].科研管理,2015,36(3):38-48.

[59] 吕祥龙.中国家具国际化战略研究[J].现代营销(下旬刊),2018(2):69-71.

[60] 木子.2017年全国十种有色金属产量5378万吨同比增长3%[N].中国有色金属报,2018-02-03(001).

[61] 慕继丰,冯宗宪,陈方丽.企业网络的运行机理与企业的网络管理能力[J].外国经济与管理,2001(10):21-25.

[62] 裴长洪,樊瑛.中国企业对外直接投资的国家特定优势[J].中国工业经济,2010(7):45-54.

[63] 齐俊妍,王岚.贸易转型、技术升级和中国出口品国内完全技术含量演进[J].世界经济,2015,38(3):29-56.

[64] 沈必扬,池仁勇.企业创新网络:企业技术创新研究的一个新范式[J].科研管理,2005(3):84-91.

[65] 沈科兰.我国企业国际化市场进入模式研究[D].对外经济贸易大学,2006.

[66] 盛新宇,刘向丽.美、德、日、中四国高端装备制造业国际竞争力及影响因素比较分析[J].南都学坛,2017,37(3):99-108.

[67] 孙华鹏, 苏敬勤, 崔淼. 中国民营企业跨国并购的四轮驱动模型[J]. 科研管理, 2014, 35 (10): 94-100.

[68] 孙麟. 中国有色金属产业整合研究[D]. 武汉理工大学, 2012.

[69] 唐任伍, 王宏新. 全球跨国并购的特点、动因及影响因素[J]. 经济管理, 2002 (15): 52-56.

[70] 田海峰, 黄祎, 孙广生. 影响企业跨国并购绩效的制度因素分析——基于2000~2012年中国上市企业数据的研究[J]. 世界经济研究, 2015 (6): 111-118+129.

[71] 王璨, 张敏, 陈统等. 文教用品行业国内外标准法规分析[J]. 轻工标准与质量, 2017 (4): 14-16.

[72] 王大洲. 企业创新网络的进化机制分析[J]. 科学学研究, 2006 (5): 780-786.

[73] 王江, 陶磊. 装备制造业强国竞争力比较及价值链地位测算[J]. 上海经济研究, 2017 (9): 78-88.

[74] 王俊帆, 刘松涛. 纺织业调整对我国出口国际竞争力的影响[J]. 中国市场, 2015 (16): 134-135.

[75] 王琰. 现阶段我国有色金属行业经济态势浅析[J]. 经济研究导刊, 2016 (31): 32-34+42.

[76] 王燕梅. 跨国并购与大型国有企业改造[J]. 经济纵横, 2003 (2): 36-38.

[77] 王颖. 海尔品牌讨论及海尔品牌中长期展望[J]. 山东商业职业技术学院学报, 2012, 12 (5): 59-62.

[78] 邬爱其. 企业创新网络构建与演进的影响因素实证分析[J]. 科学学研究, 2006 (1): 141-149.

[79] 吴贵生, 李纪珍, 孙议政. 技术创新网络和技术外包[J]. 科研管理, 2000 (4): 33-43.

[80] 吴绍棠, 李燕萍. 企业的联盟网络多元性有利于合作创新吗——一个有调节的中介效应模型[J]. 南开管理评论, 2014, 17 (3):

152-160.

[81] 吴先明, 高厚宾, 邵福泽. 当后发企业接近技术创新的前沿: 国际化的"跳板作用"[J]. 管理评论, 2018, 30 (6): 40-54.

[82] 吴先明, 胡博文. 对外直接投资与后发企业技术追赶[J]. 科学学研究, 2017, 35 (10): 1546-1556.

[83] 吴先明, 苏志文. 将跨国并购作为技术追赶的杠杆: 动态能力视角[J]. 管理世界, 2014 (4): 146-164.

[84] 吴晓波, 丁婉玲, 高钰. 企业能力、竞争强度与对外直接投资动机——基于重庆摩托车企业的多案例研究[J]. 南开管理评论, 2010, 13 (6): 68-76.

[85] 相婷. 企业创新网络的形成与演化研究[D]. 太原科技大学, 2012.

[86] 徐文兰. 家电行业跨国并购研究[D]. 江西财经大学, 2017.

[87] 许春佩. 论家电行业实体店的发展趋势[D]. 河南大学, 2015.

[88] 姚琼, 许美思, 张泳. 技术创新模式、资源整合与企业绩效: 以农业科技企业为例[J]. 科技管理研究, 2015, 35 (3): 8-14.

[89] 姚洋, 张晔. 中国出口品国内技术含量升级的动态研究——来自全国及江苏省、广东省的证据[J]. 中国社会科学, 2008 (2): 67-82, 205-206.

[90] 尹建华, 周鑫悦. 中国对外直接投资逆向技术溢出效应经验研究——基于技术差距门槛视角[J]. 科研管理, 2014, 35 (3): 131-139.

[91] 曾萍, 邓腾智. 企业国际化程度与技术创新的关系: 一种学习的观点[J]. 国际贸易问题, 2012 (10): 59-67, 85.

[92] 张宝建, 胡海青, 张道宏. 企业创新网络的生成与进化——基于社会网络理论的视角[J]. 中国工业经济, 2011 (4): 117-126.

[93] 张吉. 纺织行业现状存问题及未来发展新趋势[J]. 现代经济信息, 2017 (1): 385.

[94] 张永安, 葛振猛. 基于核心企业的创新网络结构类型研究[J].

商业经济研究, 2014 (10): 98-99.

[95] 张永凯, 李登科. 全球化视角下中国本土企业创新网络演化分析——以华技术有限公司为例[J]. 世界地理研究, 2017, 26 (6): 92-100.

[96] 张振刚, 李云健, 余传鹏. 利用式学习与探索式学习的平衡及互补效应研究[J]. 科学学与科学技术管理, 2014, 35 (8): 162-171.

[97] 郑向杰. 中国半导体企业间战略联盟网络演化及影响因素分析[J]. 软科学, 2015, 29 (2): 90-94.

[98] 周茂, 陆毅, 陈丽丽. 企业生产率与企业对外直接投资进入模式选择——来自中国企业的证据[J]. 管理世界, 2015 (11): 70-86.

[99] 朱政江, 徐金荣, 董建忠. 山西省有色金属产业发展的现状及问题解析[J]. 中国有色冶金, 2016, 45 (4): 71-74.

[100] 邹倩. 电子与通讯行业技术效率及影响因素研究[D]. 中南大学, 2013.